地方議員の逆襲

佐々木信夫

講談社現代新書

2361

はしがき

どうも地方の政治がパッとしない。輝きが見えない。地方分権の時代と言われて久しいが、地域の自立、地方自立の動きが明確な形で表れてこない。いま「地方創生」がキィワードになっているが、現在の動きは中央主導、中央集権型地方創生ではないか。政府の振るタクトばかり見ている。戦後長らく続けられてきた自民党政治の得意技、補助金行政、地域指定のやり方に一喜一憂し、振り回されている。果たしてこんなことでよいのか。

それをつくり出している要因が、中央集権型システムをそのまま温存し、東京一極集中を事実上「是」とし、東京膨張を放置している点にあることは否めないが、同時に、自己決定・自己責任・自己負担を原則とする地方自治の担い手が、地域主権型の自立した地域づくりへ狼煙《のろし》を上げるパワーに欠ける点だ。とくに地方議会の、地方議員の動きにダイナミズムがない。もちろん、自ら掲げた大阪都構想や行政改革を必死でやり遂げようとする大阪維新の政治など一部の例外はあるが、全体として地方政治の顔が見えない。

＊

10年前、こんな調査がある。地方議会の現状に満足しているか、と聞いたら「あまり満足していない」「全く満足していない」が60％。その理由は「議会の活動が住民に伝わらない」が53％、「行政のチェック機能を果たしていない」が33％、「地方議員のモラルが低い」が32％（重複回答）とある（日本世論調査会、２００６年12月実施）。

それから10年経つが、同じ質問をしたらどんな答えが返ってくるだろうか。進取の気性に欠けるのか、特権にあぐらをかいているのか、それとも適格者が選ばれていないのか。

地方創生についても様々な提案が出ている。しかし、それは中央省庁からであったり、地元の金融機関、地方大学、マスコミからであったり、知事、市長ら執行機関からの提案であったりする。だが、肝心の住民代表の政治機関である「議会」からの提案はほとんどない。住民の民意を束ね、独自の地域主権の動きを強める、そうしたエネルギーが見えないのだ。なり手不足など地方選挙も低調で、地方で民主主義が失われているのではないか。地方分権改革が始まって15年余が経つが、今の動きは再集権化の動きとすら見える。

それを食い止め、地方民主主義を再生させる道はないのか。そこに本書の問題意識があり、議論の焦点がある。地方が自ら変わらなければ、この国は変わらない。そのことを改めて確認したい。

＊

知事、市町村長らはあくまでも執行機関だ。二元代表制下での決定機関は議会であり、様々な職層、地域、性差などを代表するのは公選職の議員からなる地方議会である。なぜ、住民が感心するような、個性的な提案が地方議員の手によって行われないのか。それまでの箸の上げ下ろしまで中央省庁が差配する中央集権下の自治体と違い、2000年の分権改革以後、地方議会は自治体の条例、予算、主要契約など経営の基本事項の決定者になっているのに、である。

各省大臣→知事→市町村長という国の指揮命令系統に組み込まれ、国の機関委任事務の処理に8割近くのエネルギーを費やしてきたのが、戦後半世紀以上続いた中央集権下の自治体だ。その環境は2000年4月以降、地方分権一括法が施行されて変化したはずだ。大臣→首長というタテの執行機関ルートでの指揮命令に従わされ、意思決定から事実上排除されていた地方議会。それが、地方政治の主役へと立ち位置が変わったのである。

にもかかわらず、旧態依然とした活動が目立つ。そうこうしているうちに、地方議員のなり手すら減り始め、無投票の選挙区が3割に達する始末。2016年から政治参加の資格を18歳まで引き下げ、240万人の若者が政治に参加できる状況がつくられたのに、事態は逆の方向に動いている。地方議員のなり手がなく、地方議会がうまく機能していない、それを地方民主主義の危機とするなら、これを放置したらこの国は亡びる。

私たちの生活に関わる公共サービスの約3分の2は、都道府県、市区町村という地方自治体から提供されている。その地方自治体の意思決定者は、地方議会だ。ひとつの国の中で、これほど地方自治体の活動量(ウエイト)が大きな国は、カナダと日本ぐらいである。それほど自治体の影響力の強い国であるにもかかわらず、肝心の地方議会が政治の中心になっていない。議会制民主主義が根のところから枯れている。

首長は時々目立つ存在が現われるが、地方議会と地方議員の存在感は薄く、住民たちの関心も低い。たまに関心を呼ぶのは、号泣議員、セクハラ議員、暴力議員など地方議員の不祥事ということになる。これを例外的なものとみる見方もあるが、地方議員の劣化が著しくないか。少なくも住民からすると、地方政治への信頼が足元から崩れている感が強い。人口が減る時代へ、地域は総力戦で地方創生に取り組むべきなのに、こうした状況ではこの国の行く末は危うい。高等教育も普及し、歴史上、教育水準が最も高まった日本である。地方が蜂起できないはずはない。

＊

現在、日本には47都道府県、790市、928町村(745町、183村)、23特別区の1788自治体がある。そこで働く地方議会の議員総数は3万3438名。都道府県に2613名、市区に1万9576名、町村に1万1249名の議員がいる(2014年末)。この地方議員が各自治体の意思決定者である。ただ、年齢構成や性別に極端な偏りがある。議員の年齢も高く、60歳以上が町村議で72％、市区議で55％、都道府県議で45％を占める。女性議員の比率は低く、区議で26％、市議で13％、町村議と都道府県議で9％。人口の半数以上が女性であるにもかかわらず女性議員は1割にすぎない。これは世界で群を抜いて低い。女性民主主義という視点では、世界でワーストワンに近いのが日本の姿だ。

個人や企業では解決できない公共領域について、160兆円規模の行政活動が行われている日本。その約3分の2は地方が担っている。地方で「自己決定・自己責任」により行政活動が行われる地方分権の仕組みになっており、税金の使い方やサービスのあり方を自身の手で大きく変えられる。ある意味、国政より地方政治の影響力が大きい仕組みだ。

いま、アベノミクスの一環として声高《こわだか》に「地方創生」が叫ばれているが、実際は如何《いか》に国が旗を振ろうが地方自身が変わらなければ、人口減少の解決も地域の再生もできない。20世紀の中央集権下とは異なり、地方政治の重要性は比較にならないほど増しているのである。しかし、その割に地方政治の力が表出せず、それに対する関心も低い。

＊

地方政治の担い手、この大きな役割は地方議員が負っている。だが、市民は地元自治体に何名の議員がいるのか、ほとんど知らない。例えば日本で人口の一番多い東京都という地域。1300万人都民のもと、約10万人に1人の割合で都議会議員が選ばれており定数は127名。その待遇は、月額102万円の報酬と年2回のボーナスで年収1600万円近い。これに政務活動費が年間720万円加わり、国会議員並みの待遇にある。ただ、その働きぶりとなると、都民の多くはほとんど知らない。

日本で一番小さな自治体も東京都にある。人口170人程度の青ヶ島村（2014年）。住民の半数が島外出身の役場職員や学校の教員、建設作業員とその家族。島民の平均年齢は30代後半と若い。ここにも村議会があり議員定数は6名。報酬は月額10万円、ボーナスを含め年収約150万円。この人口なら、議員の活動を知らない村民はいないと思うが、影響力はどうか。

地方議員をめぐって、号泣議員に代表されるように最近スキャンダルが目立つ。その様相、要因については本文で述べるが、従来から議員の数が多い、報酬が高いといった批判が強かった。何が適正な報酬かモノサシがある訳ではないし、自治体の規模、地域で報酬の差は大きい。おおざっぱに言うと、県議で平均80万円、市議で40万円、町村議で20万円の月額報酬。これに約3・5ヵ月のボーナスが加わる。報酬で比較すると、なぜか県議の2分の1が市議、市議の2分の1が町村議と、2分の1、2分の1の階層的な法則が見える。働きぶりにこうした差があるのか。人口規模が大きくなれば報酬が高くなる、この意味するところは労働の難易度の違いなのかどうか。

地方議員が何も改革していない訳ではない。各地で努力をしている。なかには議員数や報酬に大胆に切り込んだ自治体もある。維新改革とされる大阪の例。人口885万人の大阪府の府議会は、2015年の統一地方選から定数109を88へ21議席カット、2011年4月から報酬は月額93万円を65万円へ3割カットした。報酬は全国都道府県の最低で、定数の大幅カットとあわせ前例がない。生活者目線でみた改革とされるが、これが全国の議会改革のモデルとなっているかといえば、現段階では例外的な扱われ方だ。

＊

各議会の改革努力の中で、法律上の定数、上限定数といった制限がなくなったこともあり、議員定数を見直す気運がみられる。明治半《なか》ばにプロシア（ドイツ）の議員定数を見本として始まったのが、日本の地方議員の定数。ようやく、地域に何名の議員が必要かといった、「そもそも論」から見直す環境が生まれている。法律上の定数制限はなくなった。ただ、議会任せだと「集団的防衛本能」が働き、ほんの少しの削減でお茶を濁す傾向にある。市民に開いて議員定数の議論を始める時ではないか。議会のルールを定めた議会基本条例をつくったり、年4回だった会期制を通年会期制に切り替えたり、会派やグループで研究会や研修、調査活動を活発にするなど地道な改革努力も見える。その点、従来の「動かざること山の如し」という地方議会に対する見方は当たらない。しかし、その議会改革が地方民主主義の再生に向けた、大きな流れになっているかと言えば、疑わしい。

一方で、議員のなり手が極端に減ってきている。2015年春の統一地方選は投票率の大幅低下と無投票当選率の増大が特徴だった。議員選挙に限ってみると、無投票当選率は町村で21・8%、道府県で21・9%、市で3・6%、政令市で1・7%とこれまでで最も高い。県議選の1人区などは3割近くが無投票当選。これは首長選にも波及し、町村長選で4割強、その後さみだれ的に行われている市長選をみても、3割が無投票である。ついに知事選までそれが現れた。2015年は岩手県と高知県の知事選が無投票だった。

これに選挙があっても、事実上、選挙前から当選者が分かるような無風選挙を加えると、半数近くの地方選挙が無投票に近い状態。道府県議選の投票率も史上最低の45%で、有権者の半数以上が地方選に足を運んでいない。自分の住んでいる選挙区の投票率の低さすら知らない市民も多い。いま日本の地方民主主義は草の根から枯れてきている。

＊

果たして、無投票当選というのは〝当選〟なのか。ゼロ票議員、ゼロ票議会の出現は、代表制民主主義における政治的正当性を失わせる。彼(彼女)らは仮面をつけた「みなし代表」に過ぎない。選挙の洗礼なき無投票当選に政治的正当性はない。便宜的に認めた無投票当選という制度は廃止したらどうか。今後人口減少に伴い、よりこの傾向が強まるとすれば、事実上、自治体官僚の支配する地方自治へと変容する。住民の住民による住民のための政治を、自ら手放すことになってしまう。

公共領域が拡大し、税負担が年々重くなる日本。その約3分の2を占めるのが自治体の活動だ。そこで議会制民主主義の空洞化が進むなら、この国はどこに行くか分からない。すでに行政を国に任せればよかった時代は終わっている。多くは地方の自己決定、自己責任に委ねられている。だが、地方に任せればうまく行く、その道筋はまだ見えていない。地方政治の出番なのにパワーが見えない。納税者に近いところでこそ一番問題が見えるはず。そこに政治行政を任せるのが民主主義の基本であり、地方分権の思想だが、未だそれは教科書の世界に止《とど》まる。

地方政治に対する無関心の広まり、議員のなり手の枯渇、議席の固定、既得権化など、日本の地方民主主義は危機に立つ。地方政治をめぐり改革すべき課題は山ほどある。この課題について様々な角度から分析し提言する中で、解決の方途を見出したい。本書がこの国のあり方について、地域レベル、地方議員という窓を通して考える〝よすが〟となれば幸いである。

2016年2月

佐々木信夫

もくじ

第3章　地方議員の待遇 ―――――――――――――― 76

する／いろいろな分野に広まる議員立法／自治体が政策官庁へ／政策とは何か／行政と公務員、民間の関係／違う政治と行政の役割／政策――4つの類型／政策形成とは／政策目標の設定／政策の手段／人口減少と経営シフト／政策手法の転換／政策を磨くこと／政策評価とは／政策評価の基準／説明責任（アカウンタビリティ）／違反者を見逃すな／議員は言いっぱなしでよいか／議員に説明責任あり

第7章　「大阪都構想」と地方民主主義

住民投票の意義／住民投票3つのタイプ／大阪都構想と住民投票／住民投票までの政治過程／現場でみた住民投票／大阪の衰退止まらず／大阪都構想の本質は何か／食い違う双方の意見／改革挑戦の意義／実現までのステップ／東京一極集中を変える／「都構想」再挑戦、波高し／政府機関の地方移転始まる／副首都構想を検討せよ／副首都の概念づくり／省庁の減反減量政策

第1章　なぜ、地方議員が問題なのか

地方議員、地方議会への疑問

私たちは、身の回りにいる「地方議員」について知っているだろうか、残念ながら、意外に知らない人が多い。否、知るすべがないというのが正直な話だろう。

たとえ知っているといっても、多くの人は、地方議員について街中や冠婚葬祭で見かける、〝議員バッジをつけた人たち〟という程度の感じではないか。実際に、その人たちが日常どんな活動をし、議会でどんなことを行っているのか、わからない。しかも、地元の自治体にどれぐらいの数の議員がいて、どれぐらいの報酬が月々払われているのか。海外と比べて、議員の数は多いのか少ないのか、報酬は高いのか安いのか。都道府県の議会と市の議会、町村の議会で、議員のやることは同じなのか違うのか。どんな人が実際に議員になっているのか、そしてなれるのか。いずれも知らない。

そもそも地方議員は公務員なのか、それとも違うのか。公務員だとするなら、なぜ任期があるのか。議員報酬が支払われているというが、その「報酬」というのは「給料(与)」とは違うのか、同じなのか。違うとすれば何が違うのか、なぜなのか。その報酬の根拠は何を基礎に算出されているのか。月給なのか、日当なのか、手当なのか。その額は地域によってなぜ違うのか。

国家公務員や地方公務員のように、給料表があって、地域によって大差がないというのが公務員給与だが、議員報酬の場合、そうした給料表に当たるものはあるのか。福島県矢祭町が議員報酬を日当制(日額3万円)にしているが、他はなぜそうしないのか。関心はあっても知るすべがない。そうしたことについて、一度たりとも議員から説明を受けたことはない。こうしたことが実際ではないだろうか。

身の回りを見ると、地方議員を〝地域の世話役〟くらいにしか見ていない住民が多い。口利き役が議員だと思っている人もいる。ひところ、誰に頼むとどぶ板の修理が早いかというところから「どぶ板議員」という表現が流行《はや》ったが、そのころと今は違うのか。もとより、世話役と言っても、実際の住民生活で困ったことがあれば、議員に相談するより役所の窓口に行った方が手っ取り早いと考えている人も少なくない。時には、いきおい「地方議会は要らないのでは」といった話まで聞こえてくる。

議員の説明不足やアピールの下手さ、日常活動の怠慢といった点が合わさって、こうした議員像が生まれているように思う。筆者は、選挙で選ばれた公選議員と選んだ住民がこうした関係にあることは不幸だと思っている。少なくとも代議制民主主義を標榜している以上、これを改める必要がある。本来、双方は信頼関係で成り立っている。いずれが努力すべきか。住民もさることながら、まず議員自身からではないか。

地方分権が始まったのに

身近な議員のことが分からないと言っている間に、代議制民主主義はピンチを迎えている。何しろ、議員のなり手が極端に減ってきているのだ。それは地方民主主義の崩壊の始まりなのか、危惧を覚える。

本来、地方民主主義、小さなデモクラシーの仕組みは、住民が政治に参加し選んだ議員が住民の代表として、カネ（税金）の使い道、ルール（条例）の制定、主な公共施設の契約の決定までを担う仕組み。その効果がしっかりと住民に戻ってくる仕組みである。その政治機関が地方議会だ。地方議会は住民の公共生活を預かる自治体の決定者であると同時に、住民に代わって行政活動の執行を監視する、民意を基礎に自ら政策や条例を提案し、さらに結果について住民に報告し意見を募る役割を持つ。

こうした決定者、監視者、提案者、集約者という重要な役割を担う政治機関が地方議会である。この機関としての地方議会がうまく機能しているかどうか。

どうも、議会の構成メンバーである地方議員の評判がもう一つ芳《かんば》しくない。国政を担う国会議員にもいろいろ問題を抱えた議員も少なくない。地方議員だけが問題なのではないが、ただ、私たちの生活に密着した政治の担い手が地方議員だけに、そこを問題視したい。地方議員に様々な問題が表出するたびに政治不信が深まってしまうのだ。

もちろん、住民のレベル以上の議員が選ばれることはないというのが政治学の教えるところだから、有権者のレベルはどうかと問われるかもしれない。しかし、公選職の議員は大衆に対し少数の指導者、マスに対しエリートなのだ。

地方分権が進み、地方議員の役割が拡大し、地域のことは地域で決める分権型国家体系に仕組みが変わっているにもかかわらず、政治代表の水準が上がってこない。否、劣化しているという見方すらある。これでよいのか、とてもそうは思えない。

地方分権の改革を進めたことにより、国が決めることより地方が決めることが圧倒的に増えた。地方議会、地方議員がしっかりしないとこの国の政治がおかしくなる。「地方創生」ひとつとっても、地方議会発のメッセージがほとんど伝わってこない。個別の議員に接すると、頑張っている議員、輝いている議員も少なからずいる。ただ組織、機関としての地方議会の活動となると、ボス支配が横行しているのか、旧態依然とした「動かざること山の如し」の様相も目につく。4年間、一度も質問にすら立たない議員が相当いる。

草の根が枯れる

現在、都道府県、市区町村という地方自治体で約100兆円のカネが使われ、私たちの日常の公共サービスを賄っている。何度も繰り返すがその規模は日本の行政全体の約3分の2だ。その使い道の決定者が公選の地方議員で、都道府県、市区町村を合わせ約3万3000余名なのである。

ただ、その選ばれ方をみると、激しい競争の中で選ばれた議員が多いかといえば、戦後18回目の統一地方選が行われた2015年の例だと、3割近くは事実上選挙の洗礼を受けない無投票当選者だった。仮面をつけた「みなし当選者」の代表割合が3割を占めると言い換えてもよい。この要因は何なのか。現場に足を運ぶと、議員のなり手がないと嘆く市区町村も少なくない。一度引退した高齢議員を呼び戻して欠員補充をし、何とか再選挙になることを避けた町村も少なくない。

戦後70年、いつの間にか日本は、議会制民主主義の根幹をなす「草の根」が枯れ始めてしまっている。この現実を放置したまま、それぞれの自治体で行政が行われていく。有権者の民意はどこで反映されるのか。

地方議員の職責の重要性からして、ここは強くモノを申さなければならない。そう考え、あえて筆を執《と》ることにした。

こんな非常識がなぜ？

このところ、地方議員の不祥事が後を絶たない。

2014年7月、テレビ画面に大写しされた県議が突然、意味不明の言葉を発しながら泣きわめく姿。号泣会見後に辞職した兵庫県の野々村竜太郎前県議の例は、あまりにも有名である。年間195回、3年間で約340回の日帰り出張を繰り返し、計約800万円の交通費を政務活動費から支出したとされる。その釈明会見で大号泣、日本のみならず世界を驚かせた上に、法廷に出向く態度のひどさも記憶に新しかろう。

この野々村元議員をはじめとして、止まらないこうした地方議員の不祥事。報道されているところに限るが、まずは、その一部を紹介しておこう。

同じ頃、都議会で女性議員に対するセクハラヤジの問題があった。

2014年6月。東京都議会の本会議場で、みんなの党会派の女性議員、塩村文夏さんが壇上で一般質問しているとき、「早く結婚しろよ」「産めないのか」といった〝セクハラヤジ〟が飛んだ。複数の議員がヤジを飛ばしたようだが、「結婚すればいいじゃないか」

と発言した鈴木章浩都議（大田区選出）だけが名乗り出て、女性議員の前に立ち「謝罪する」事態に至った。この映像も有権者の多くは知っているだろう。

大阪府議会では、無料通信アプリ「ＬＩＮＥ」で女子中学生に威圧的な文章（「許さない」など）を送ったことが問題化し、34歳の男性府議が維新府議団を除名された（２０１４年8月12日付）。本人はその処分について「ひどいことをしたのは事実だが、処分が適切かどうか疑問だ」と、議員辞職などは否定。テレビのワイドショーでその府議を「キモい」と評したテリー伊藤氏を「人権侵害だ」と批判するなど反省の色はあまり見えなかった。

刑事事件も後を絶たない

他にも、お粗末な不祥事ニュースは幾つもある。政務活動費73万円で知人女性に海外視察を委託した愛知県議。何のためかよく分からないが、税金から費用が出ている自覚が全くないのではなかろうか。

万引きで現行犯逮捕された上、覚せい剤使用容疑で再逮捕された山口県議。北海道自民党・道民会議所属の65歳議員が、ヨーロッパの農業、環境政策視察のため搭乗した飛行機内でトラブルを起こした。結局辞職したということだが、あまりにも品位に欠ける。

青森県平川市議会では、２０１４年１月に行われた市長選をめぐり落選した前市長への票の取りまとめの疑いなどで、市議20名のうち15人が逮捕された。

その他まさに犯罪の見本市のような状態で、酔っぱらい運転などの道交法違反、事故の身代わりを長男に依頼した議員、小2をひき逃げした容疑、無免許運転、市議会での議長選をめぐる贈賄、酒に酔いスナックで下半身露出、電車内で女子大生に触った容疑で逮捕された議員。保険金目当てで自宅に放火した元市議もいる。「かっとなり刺した」と殺人容疑で逮捕された元市議。水道料金を10年間（100万円）滞納した市議会議長。公務をサボって台湾ゴルフ旅行へ出かけた市議。ツイッターで市民に死ねとつぶやいた東京の区議。脱法ハーブを吸った県議。女子高生とのわいせつ画像を販売し逮捕された市議……。

こういった例は3万余の地方議員のごく一部ではあろうが、それにしても、号泣県議のような不透明なカネの使い方が許されるのか？　なぜ刑事事件を起こす議員が続出するのか？　地方議員の「カネのしくみ」「選挙の現状」の問題点をまず指摘しておきたい。

これが政務活動費の使い方か

２０００年以前の自治体は国の下請け的な存在で、地方議会はその中でチェック機関視されていた。以後、地方分権の時代を迎え「地方議員」「地方議会」の役割は数段高いものが期待されるようになった。自治体の政策決定、立法機関としての役割がそれである。

そこで、地方分権改革が本格化した2000年に地方自治法（第100条）が改正され、「日本における地方議会の議員が政務調査研究等の活動のために支給される費用」として、国会の立法事務費（1人当たり年780万円を会派単位で渡し、使い道に領収書は必要ない）に準じて、「政務調査費」を条例で設けるよう市区町村、都道府県の各議会に義務付けられた。

それが2012年の地方自治法改正（同法第100条14項）で「政務活動費」に変わり、2013年から実行に移された。従来の政務調査費に「調査研究その他の活動に資するため」という項目が加わった結果、何が起こったか。

かつての政務調査費と異なり、「政務活動費」は、政策立法のための調査研究費としての支出項目に限らず、各自治体は条例により、私設秘書らの人件費、自宅を含む事務所経費、自前の広報誌発行費、交通費など、選挙活動まで含む政治活動すべてに支出ができるように変えたのだ。地方議員にとって、とくに都道府県や政令市など大都市の大きな自治体にとって金額も大きいだけに、使途の拡大は魅力あるものとなったに違いない。

例えば東京都議会の場合、議員1人当たり月額60万円（年間720万円）。大阪市議会の場合、議員個人なら月額50万円（年間600万円）、会派なら議員1人当たり月額60万円（年間720万円）。名古屋市議会の場合、議員1人当たり月額50万円（年間600万円）が支給されている、といった具合である。

しかし、その使い道がどうもおかしい。なかには新年会、忘年会、業界団体の会合への「会費」まで支出を「可」とする議会まで現れた。

例えば都議会の例。2014年8月初めに2013年度分の都議会の政務活動費として公開された8億4000万円（議員1人当たり年間720万円）をみると、当時の新聞報道では各種団体の主催する会合への参加費「会費」が2023万円も含まれていたとされる。この大半は新年会費だという。その年の2月に都知事選があっただけに、1月から2月にかけて新年会費が集中的に使われているようだ。一日に新年会を、数ヵ所も掛け持ちする議員にとって会費の負担は小さくない。それを政務活動費が肩代わりしてくれるなら、ありがたいというのがホンネだろう。しかし、そうした経費援助のために政務活動費があるわけではない。原資は税金だ。本経費が地方自治法100条に規定されている意味を考えてほしい。「百条調査権」と言われるように、国会の国政調査権と類似の強い権限を与えた地方議会の調査権の一環として政務活動費も100条の中に規定されている。その意味するところを考えるなら、飲食代や事務経費という発想はもともと出てこないはずだ。

マスメディアの報道を通じて知った都民からは、宴会の飲食費用まで都民が払うのかと疑問視する声が上がった。筆者もそれは当然の声だと思う。

議員のための支出基準

都議会の例だと、政務活動予算の約95％が使われているが、その使われた8億4000万円のうち、支出のもっとも多いのが「広報誌発行費」（約3億1000万円）、次いで雇いあげ職員の給与など「人件費」（約2億8000万円）で全体の7割を占めている。人件費は個人が特定されるとして、領収書の金額や支払先は黒塗りされている（家族、親戚など身近な者に払っていないか、疑いたくなる処理の仕方だ）（2013年度の支出例）。

自宅などに電話、FAX、パソコンを置いた部屋をつくり、そこが事務所だと称している者も多い。これを事務所経費だとして支出しており、それも相当額に上る。

都議会の基準では、会議の弁当代も1人3000円までは支出可能という。実際、自民は、議員総会などで計5回、東京銀座の有名なすき焼き店から1個2100円の弁当を全議員分購入している。もとより、都議会の例でも全議員、全会派が同じだという訳ではない。弁当代は自民と民主以外は原則自費としている。飲食を伴う会合への支出は、圧倒的に自民が多く、次いで公明。共産はゼロ、民主もほとんどない。というのも、会派に所属する議員割で政務活動費を配分した以後は、会派のルールに従って支出するため、こうした違いが出るのだという。

いずれ、政務活動費に充てることのできる経費の範囲を決めるのは「条例」に委ねられている。法律の趣旨をねじ曲げ拡大解釈して、議員の使い勝手のよい費用にすり替えることは許されない。

全国の自治体で公開された支出例を見ても、7〜8割は自分の事務所費や手伝いのパートへの賃金、自己PRのビラ代だという。ただ、いま大きな自治体の例を述べたが大都市と地方都市、大規模な自治体と小規模な自治体では金額に大きな差がある。人口10万人以下の市町村の議員は、「そんなことを言われても、私たちの支給額は年間で十数万円ないし数十万円程度、それはヨソの世界の話だ」と首をかしげる。とはいえ、マスコミで大々的に報道されると、地方議員の全てにそうしたカネが支給され、そう使われているように住民は思ってしまう。

ここは政令市や都道府県議会の金額の大きな自治体に絞って言うと、月々の報酬（80〜90万円）とは別に支払われている政務活動費の使い方として、ビラ代やパートへの賃金が政策・立法のための活動費と言えるのか。何か勘違いしてはいないか。「第二生活費」ではないかと言われても仕方あるまい。住民目線で常識的に説明できないカネの使い方はおかしい。これは税金なのだ。

議会側のコメントは、支出に違法性はなくルールに沿ったものだという。それでは聞きたい。地方議員同士の身内で決めた地方議会のルールが、その自治体の住民の常識に合うルールなのか、そのカネを使ってどんな成果を生んでいるのか。

2014年度の都道府県の政務活動費について、支給額1205422万円のうち、9・3%の11億1807万円が返還されたという。不適正支出分と未使用分とされるが、厳しい監視の目の中、返還率が年々上がってきているという（朝日新聞、2016年2月19日）。

千代田区議会が画策した政活費のすり替え

政務活動費の使い方が問題視される中、返還とは別に、それをかわそうとする動きも出ている。本筋の動きかどうか、考えていただきたい。

東京都千代田区では議員の政務活動費月額15万円を5万円に減額し、残る10万円を議員報酬に上乗せする案が2015年に「区議の待遇を検討する審議会」で了承された。2016年初めに区長に答申、議会が条例案を可決すれば4月から実施される、という流れだった。「全国的に政務活動費への厳しい報道があり、議員に必要な費用であるにもかかわらず、実際はしばりがきつく使えない恐れがある」「3分の2は個人の活動に使われているのだから、それなら報酬に10万円組むべきだ」という理由が付けられている。

千代田区議は、この改正案が実施されれば、議員報酬は71万6000円／月、政活費5

万円／月となる。一見、議員の毎月の待遇に変化がないように見えるが、基本給が上がることは年間2回のボーナスにも反映され、年俸で140万円近くアップする。

東京23区の区議はどこでも年収1000万円以上が相場となっており、これまでトップが江戸川区（62万1000円）で千代田区は第4位だったが、この措置によりトップに躍り出る。

こんな改革という名の「我田引水」に、世論は黙っておらず、千代田区長はこの議案提出をとりあえず見送った（2016年1月時点）。

これを見ても地方議員たちは政務活動費が公金である税金から支払われているという感覚が麻痺しているのではないか。税金である以上、住民から使途を厳しく監視されるのは当然であり、それに対してきちっとした説明をするのが義務である。その説明ができないようなカネの使い方は、政治不信を高める行為以外の何ものでもない。

繰り返すが政務活動費は本来、行政の機能をチェックする議会の調査費用であり、議員立法のための調査費である。その調査のための経費を、議員報酬に組み入れるのは、議会の自殺行為以外の何ものでもない。使途を精査し透明性を高め有効に使うようにするにはどうすべきか。これを考えている最中の千代田区のやり方は、どんな理屈をつけようとも、住民の理解は得られないだろう。それでもこの先、区議会の多数決で、いつの間にか成立する可能性がないとは言えない。地方民主主義の悪用ではないか。こんなことが、日本の中心とも思われる自治体で起きている。

無風土壌が生む「劣化現象」

地方議員のカネの問題をどう解決するか、改革私案については後ほど詳しく述べることにして、地方議員に不祥事議員が目立つ背景に話をいったん戻そう。

不祥事を起こす資質を持った人は、この世に一定の割合で存在するのは事実。議員に限らず、日常の事件性のあるニュースの報道をみると、次から次と悪事は生まれてくる。

だが、問題は選挙に立候補し住民から選ばれ、住民の代表として公費で雇われ、公金の使い方や政策のあり方、ルール（条例など）のあり方について決定権を与えられている「公選職」の特別職公務員（地方議員）の地位にある者の行為だ。ごく少数という比率云々《うんぬん》以前に不祥事を起こすこと自体が問題なのである。政治エリート（大衆から選ばれた選良）は世に模範を示す立場にある。国会議員にも目に余る者が一定数いる。

どうすれば、こうした人たちが選挙で通ることを排除できるのか。選挙に対する関心が下がっている裏側でこうした人材が選ばれてきていることを有権者は直視しなければならない。私たち有権者は政治リーダーの質の極端な低下を深刻な事態と受け止め、その防止策を真剣に考えなければならない。

もちろん、以前から不祥事を起こす議員はおり、急に増えたわけではないという見方もある。政務活動費の問題やヤジの問題などは、ルールが明確化されつつある中で、問題が「表面化」しただけだという見方もできなくはない。議員といえども一般人なので、特別視する必要はないという見方すらある。とはいえ、ああそうですか、と認める訳にはいかない。公職の地位は重い。不祥事議員続出の要因は何か、以下3つの点を挙げておこう。

住民の監視の目がない

第一に、地方議員の日常が住民の意識から抜け落ちている、監視されていない存在になっているのではないかという点だ。同じ選挙で選ばれる市町村長や知事と比べ、マスコミを含め、公選議員が監視の対象になっていないのではないか。議員もバッジを外していれば何をやっても顔はわからないだろうという気になる。

議員の日常活動の「透明性」が全く欠けており、公選職でも日常は「ただの人」扱いなのだ。これを改める方法は本人の自覚以外にむずかしいが、議員にも公務日程などの活動予定と結果報告をネット上で公開することを義務付けてはどうか。少しは住民の目に触れる機会が増えるのではないか。

競争なき選挙で悪貨は良貨を駆逐する

第二の点は、競争性の低下である。経済学に「悪貨は良貨を駆逐する」というグレシャムの法則がある。選挙が無風化しており、「競争なきところに質の向上なし」の原則が働き、どんどん質の悪い議員が当選しやすくなっている。立候補者が激減し、低投票率と無投票当選の激増、無風選挙の常態化、そして現職の議席が固定し既得権化していることなどから、いきおい議員は「たるみ」、「悪貨」が交じり込んでしまう。議員のポストに就くのに、特別な資格が必要でも、特別な資格試験があるわけでもない。要は選挙を通るだけだ。

ある大学の研究者らが「議員力検定」という公務員試験に近い能力テストを行っている。それをやらざるを得ないほど、議員の知識水準に疑いが持たれている。もちろん、同検定の意図は、議員のレベルアップを狙った研修効果、学習効果の向上で議員力を高めようという点にあるし、その試みは評価されてよい。ただ、その検定の3級、2級、1級に挑戦するほどの議員は、もともとこうした不祥事を起こすことと縁遠い人が多かろう。問題は各種研修会にも出てこない、こうした実力検定も受けようなどと思わない人の中に「悪貨」が交じっていることだ。

「勝てば官軍」、獲得票数がすべてというのが選挙だ。この椅子取りゲームに長《た》けている人が、必ずしも知識水準が高く、政治家に向いたタイプであるかどうかは分からない。

竹下登氏（衆議院14回当選）が首相のとき、政治家と学校の成績はリンケージしないという話をしていた。国家公務員の上級試験合格者で各省にキャリア官僚として採用された新人を前に、研修会で竹下元首相がこう言ったのを筆者も聞いたことがある。

「キミたちは秀才中の秀才、大学等の試験で勝ち抜いてきたエリートだ。私は違う試験を通り続けてきた。選挙という別な試験。キミたちのように学校秀才ではないが、社会人秀才といえば言えそうな別な能力を磨いてきた」

なかなか面白いことを言うな、的を射た話だなと感心したものだ。

リーダーシップとか人を引き付ける魅力とか、巧みな話術とか、何らかのカリスマ性といった、政治家に必要な要素は試験勉強で培われるものではなかろう。むしろ選挙戦を勝ち抜くことで、いま述べた政治家の資質が育まれる面があろう。ただ、それすら無投票とか無風選挙となると、そういった政治家の資質を選別する機能が働かなくなる。

地方選に限らず、国政選挙でも定数の中に入れる得票数を確保さえすれば、議員になれる訳だから、どんな資質の持ち主かを問う仕組みにはない。実際の地方の選挙をみていると、定数20に対し21名の立候補者などの形が常態化している無風選挙では、誰が「ババをつかむか論」が横行している。

まして無投票当選が増大する中では、手を挙げさえすれば当選できるわけで、議員になる資質などノーチェックになってしまう。筆者は無投票当選という、政治的正当性のない選挙制度はやめるべきだと考えている。再選挙を行うなど、必ず競争原理を働かせるようにしなければ、この問題は解決しない。

議員という仕事に魅力とやりがいがない

第三は、議員という仕事の魅力ややりがいが低下しているのではないか、という点だ。なぜ、地方議員のなり手が減っていくのか。それには議員という仕事に対する魅力の低下も要因にあるのではないか。ここで言う「魅力」は報酬の話に限定するものではない。実は多くの先進国では議員報酬というより、議員手当に近い実費程度の待遇に止まるところが多い。それでも議員のなり手はいる。それに比べると日本の場合、議員報酬が「収入源」として当てにできるほど高い。すると、それを当てに議員業を営む「政治屋」が跋扈《ばっこ》することにもなりかねない。それでも議員に手を挙げる人が少ない。

無投票当選が起きそうな現場を見ていたことがある。25の定数に告示日の朝8時半から受付が始まり、夕方4時になっても24名しか立候補届を出していない状況になる。すると用意しておいた書類に急きょ書き込み、供託金（例えば30万円）を準備し、市役所の選挙管理委員会に駆け込む人間が現われるのだ。供託金を没収されたくないから最後まで様子を見て、夕方5時少し前にかけ込む。こうした姑息な人でも、届け出の締め切りと同時に「当選」が決まるという悪知恵である。その結果、およそ4年間議員を続けられる資質などないと思われる人でも、バッジを手に入れ、議員としてその後ふるまうことになる。

こうした人たちが入ってくるようになると、努力をして支持基盤を形成し、議員立法などの成立に尽力してきた他の議員らは、その人たちのふるまいにあきれ、議会の風紀を含め、レベルの低下、地方議員という地位の低下を嘆くことにもなる。

もちろん、議員の魅力の低下はもっと直截的な点にもあろう。日本の場合、アメリカの大都市で使われている二元代表制（首長と議員は全く別ルートで選ばれ、議員が首長を務めることなどない仕組み）が大、中、小の規模にかかわらず、都市部、農村部の区別なく、一律に適用されている。そこでの議員は、カナダやイギリスのように執行機関の長に指名されることもなければ、執行部の要職に就くこともない。他のヨーロッパ諸国のように、議長ないし議会代表が首長を兼ねるといった機会にも恵まれない。いわゆる議員は個人として腕をふるうチャンスの少ない制度となっている。

首長就任を望むなら、議員を辞職し、首長選挙を制してその地位に就くしかない。つまり執行機関の代表ないし主要メンバーになる機会がゼロ、これが日本の二元代表制だ。だから、当選回数を重ね実力が付いてきても、議員は議員、広く執行権を持つ執行機関を監視するなどの役割に限定されてしまう。よく腕の見せどころのない点を嘆く議員と接することがある。だから見ていると、県議などの当選回数が多い人、議長を経験した人、議会内ポストのない人などは、地元の市長、町長など首長選に出ようとする。事実、市長の供給源で一番多いのが県議だ（東京の区長も都議出身が多い）。

つまり執行権を持って仕事をしたいというのが、公選職の潜在的な欲求である。こうした執行権力にありつくことのない、広くいうと野党議員的な一生を送れという仕組みから、新人だけでなく、ベテラン議員にも魅力が薄れ「たるみ」が出る。

こうして不祥事が増える土壌が形成されていく。諸要因が複合し地方民主主義のリーダー層に質の低下、劣化を招く「負のスパイラル」が働いている。

投票率は右肩下がり

地方議員になりたい人が増えれば、選挙戦を手始めに切磋琢磨して、議員の質は上がるはずである。しかし、現実は選挙の回を重ねるたびに投票率は低下の流れにある。

戦後70年の２０１５年、第18回目の統一地方選挙があり、道府県、政令市の首長、議員選挙が４月の第２日曜、区市町村のそれが第４日曜と分かれて行われた。

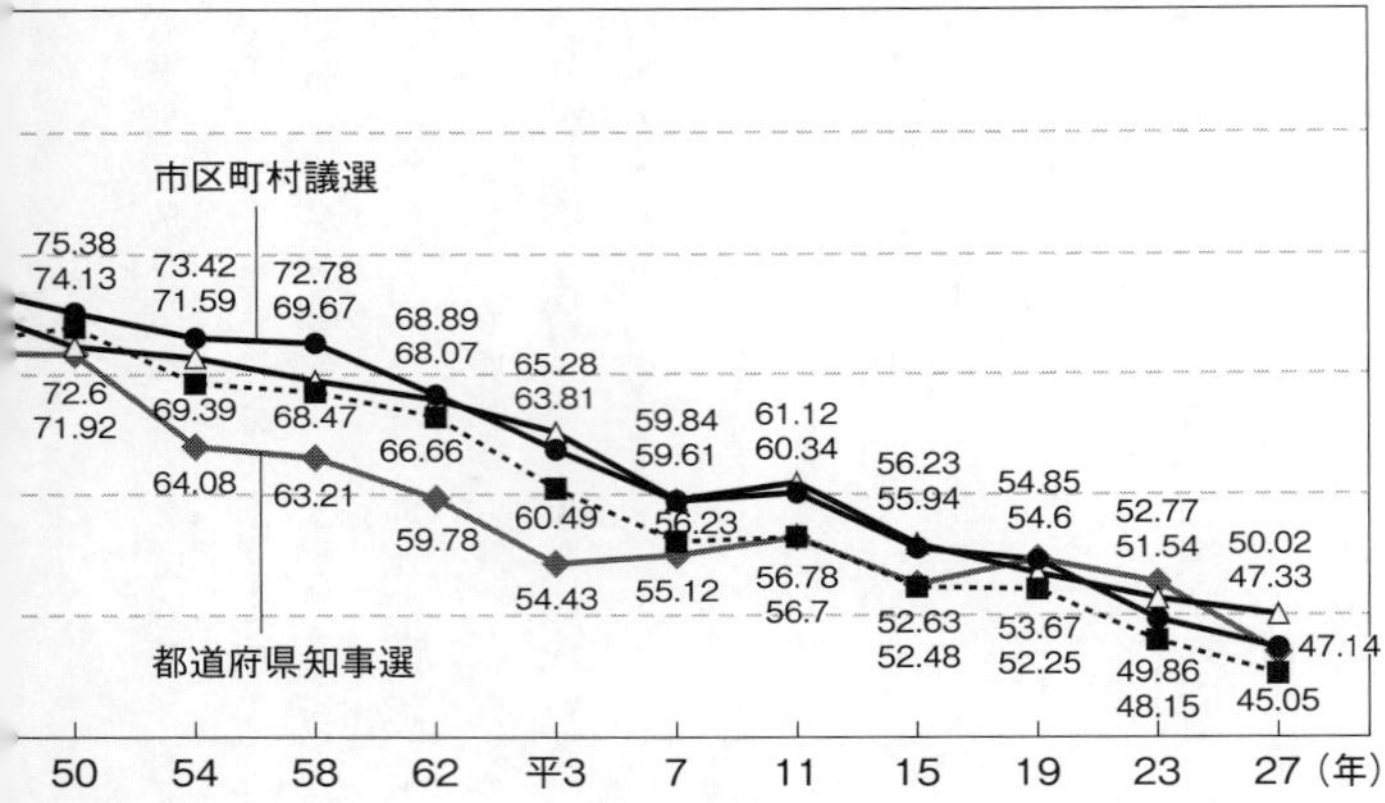

ここでの統一地方選の特徴を総括すると、①投票率の低下、②無投票当選の急増、無風選挙の蔓延にあろう。

まず、投票率の推移を戦後の第1回の統一地方選から今回の第18回までみておこう。

地方自治体の首長も地方議員も4年ごとに選挙が行われる。新憲法によって新たに制度化された戦後地方自治制度において、1947年4月に初めての都道府県、市町村の首長、議会議員選挙が行われた。上のグラフをみると一目瞭然だが、1955年以来、統一地方選の投票率はおおむね右肩下がりであることがわかる。

地方議員選に限ってみると、都道府県の場合、1951年の82・99%が一番高く、２０１１年の選挙で48・１５％と50％を切って以後、最新の選挙で45・０５％と戦後最低になっている。また、市区町村の場合、１９５１年の91・０２％が一番高く、やはり２０１１年に50％を割り込み、２０１５年の統一地方選で47・３３％とやはり戦後最低を記録している。

　現在の半分以上の有権者が投票に行かない、この状況をどうみるか。行っても行かなくても政治は変わらない、魅力ある候補者が出てこない、選挙戦が無風状態だ、などが有権者が投票に行かない主な理由だろう。地理的には総じて農村部は投票率が高く、都市部は低い傾向にある。人口減少の中でも今後都市部人口は増え続けるとみられる。つまり都市部人口が増えれば増えるほど、この先も日本全体の地方選投票率が下がっていくのではないだろうか。

統一地方選挙における投票率の推移

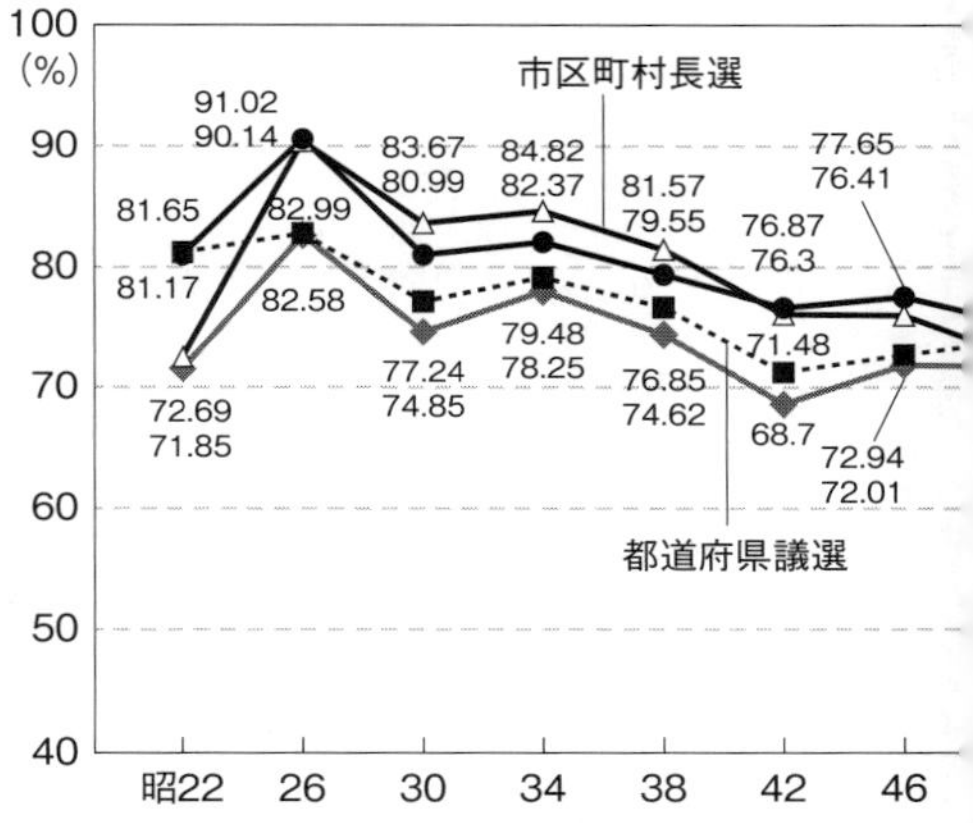

（資料）第31次地方制度調査会資料

無投票当選の急増

投票率の問題以上に、気になるのが無投票当選が増えていること。第18回統一地方選挙全体の無投票当選率は議員選に限ってみても戦後一番高い。町村議員選で21・8％、道府県議選で21・9％である。町村長選は4割近くが無投票当選。市議選で3・6％、政令都市議員選で1・7％である。

投票率の低下と無投票当選の急増、さらに事実上競争のない無風選挙の蔓延は相互に連関し負のスパイラルを生んでいる。

無投票当選の問題は、①当選というがそれ自体に政治的正当性を認められない、②有権者の政策選択の機会を奪う、ということである。

無投票当選を許す選挙制度は正しいのか。無投票当選が増えている実態をみるために、まず基本的に選挙をする意味、当選する意味を考えてみる必要がある。

「選挙をする意味は、権力行使の免許状を4年毎に書き換えるためと言ってよい。選挙と選挙の間に、住民の代表として著しい落ち度があった時は免許状の取り消しも行う」。現職を落選させる機会でもある。これが選挙だ。新人を含め選挙で選ばれ代表の地位に就くということは、自治体の意思を公式に決定できる権限を持つということだ。選挙を通じて民意の審判を受けてこそ、代表者であるとみなされる。この「みなす」とは「一つの擬制

（フィクション）」であり、「もともと違う人間が別の人間の意見や利害を代わって表現することはできないが、代表という考えは、本来できないことを約束事として、そうみなそうという工夫」なのである（大森彌《わたる》著『現代日本の地方自治』放送大学教育振興会、1995年）。

その代表の地位を与える選挙は、この擬制を現実に可能にしている「投票箱」にマジックがある。有権者の投ずる1票が「あの何の変哲もない箱を通過すると、神聖な一票に変わる」。投票箱は「民の声」を「天の声」に変えるマジック・ボックスだ。「（民の声という）眼に見えないものを見えるものに変える手続きの一つが選挙」なのである（大森・前掲書）。

ゼロ票議員、ゼロ票議会

そこで問いたい。果たして、1票の票も得ていない人を当選者として議員に認定する制度が、代議制民主主義のルールとして許されるのか。もともと無投票当選は選挙管理上、便宜的に例外として認められた制度だったはず。これが一般化しているいま、民主主義を標傍するこの国は、この事態を世界にどう説明するのだろうか。

放置するなら、こうしたゼロ票議員、ゼロ票議会はこの先人口減少と共に確実に増えていこう。いまの流れだと、2019年、さらに2023年の統一地方選は、半数の地方議

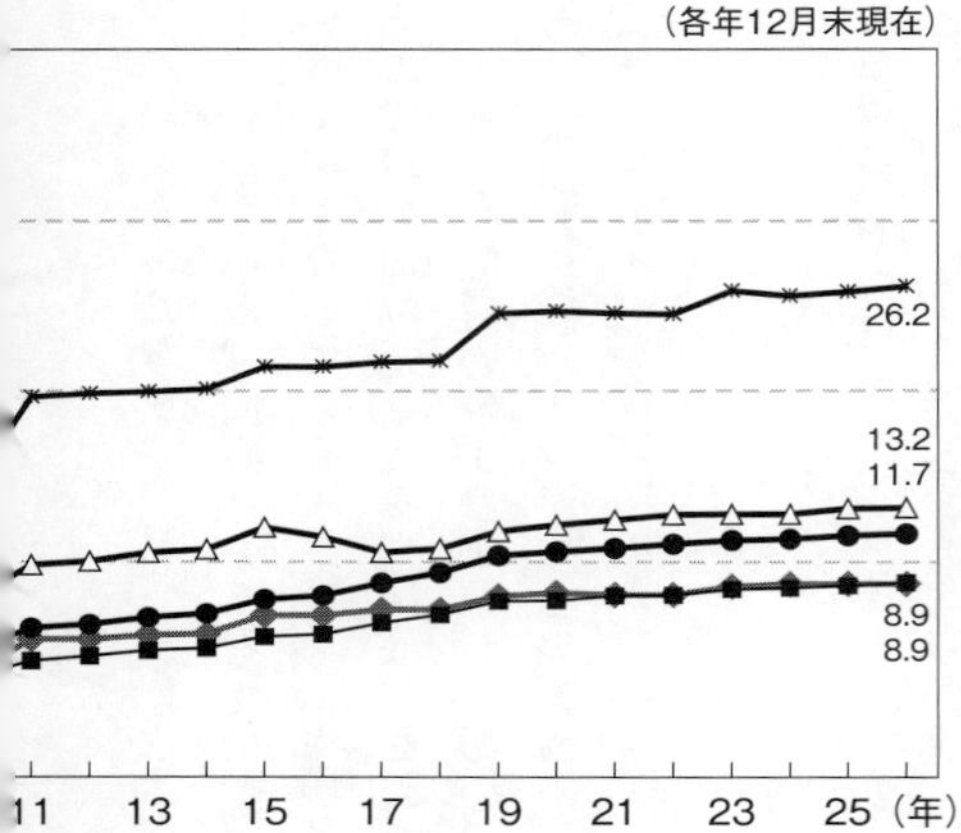

員、半数の地方議会を「ゼロ票」が占めるのではないか。政治的正当性なき議会が誕生し、地方政治の空洞化が進行するようでは、この国は本当に民主主義の国とは言えまい。

私たちは教室で、「地方自治は民主主義の学校である」と教わる。現実は民主主義の学校どころか、まったく住民を代表しない人たちが「代表の仮面」をつけ「みなし議員」として自治体の意思決定をしていることになる。戦後70年、草の根民主主義が根付いているか疑わしい。それは、①議員の待遇が低すぎて間尺に合わない、②会社勤めなどをしていたら立候補自体できない、③男社会の議会に女性が議員として入っていくことはむずかしい、④若年中年世代にとって、4年ごとに落選のリスクを負う議員の仕事は生涯設計の視野から外れてしまう、など様々な理由が折り重なっている。ただ、地方民主主義のシステムを考えると、これを放置し批判だけしていても事態は好

地方議会における女性議員の割合の推移

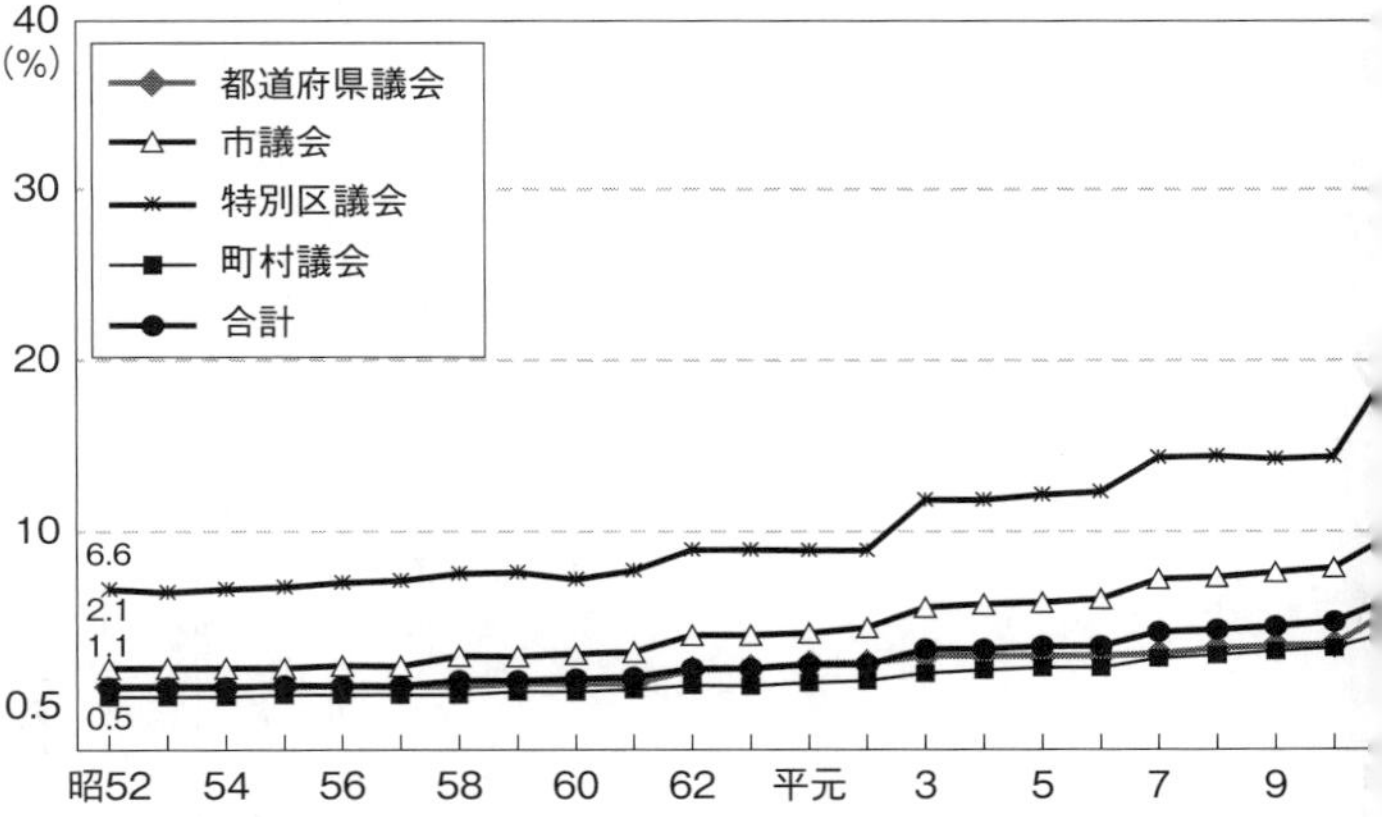

（資料）第31次地方制度調査会資料

転せず、悪化の一途を辿るだけだ。

サラリーマン、女性議員比率が低すぎる

おりしも、戦後、普通選挙が実現して以来初めて有権者の資格が見直され、２０１６年６月19日より18歳以上の若者も選挙に参加できるようになる。世界標準からすれば遅すぎた改革ではあるが、選挙年齢の引き下げ自体は評価されてよい。ただ、こうして２４０万人の有権者（若者）が新たに加わることで政治は変わるのか。立候補者が増え投票率が上がり、政策論争が活発になるのか。高校生、大学生に対する政治教育をより充実させれば変わると主張する学者、評論家もいるがどうか。

それだけでは変わらない。そもそも就業

人口の8割以上がサラリーマンである社会にもかかわらず、サラリーマンが会社勤めをしながら議員をやれる仕組みにはなっていない。立候補可能な候補者の母集団が事実上非常に小さいという構造的な問題を放置したまま、なり手がない状況を嘆いても解決にはならない。抜本的な選挙制度改革、労働法制改革なくして、なり手を増やすことはできない。多様な人材を集めての地方政治の活性化などできないと思う。

また、生活者の半分以上が女性なのに、女性の議員が極端に少ないのが日本。国会議員でも諸外国に比べ日本の比率は極端に低く、スウェーデンが45%、ドイツが32・8%、アメリカが18・9%なのに対し日本は11・3%である。地方議員もその割合は似ている。諸外国との比較データはないが、日本の地方議員の男女比には少しずつだが変化が出ている。

約40年前は各議会とも1〜2%に過ぎなかったものが、2015年時点では特別区の議会で26・2%、市議会で13・2%、都道府県議会、町村議会で8・9%、地方議員の全体でみると11・7%となっている。もちろん増えたとはいっても10人に1人しか女性議員がいないというのが日本の現状だ。女性議員の少ない理由は、①子育てや仕事をしながらの議員活動はむずかしい、②そもそも女性が議員に立候補する社会風土がない、③男社会の議会に女性議員を受け入れる風土がない、などが考えられる。

これをそのままにして、「生活者の半分以上は女性なのだから、女性議員を大いに増やすべきだ」と叫んでいるだけでは、女性議員が増える状況とはなるまい。何らかの方策を講じなければならない。この点は後で述べる。

議員定数は戦前の遺物

一方、無投票になるのは、もともと議員定数が適切ではないため、という見方もある。議員定数を減らしてでも、無投票当選を避けるべきという考え方は間違っていない。ただ、そもそも議員定数の根拠がはっきりしない。日本の地方議会の定数は、何を根拠にすればよいのかという点は、実はほとんど議論がされないままだ。その出生の秘密は明治半ばの市会、町会、村会といった時代に遡る。戦前の地方議会と戦後の地方議会は性格が違ったが、定数などの制度は戦前から連続している。

定数が決まったのは市会が1888年、府県会が1890年だが、当時、議員の定数はプロシア（ドイツ）の議員定数を参考に人口規模の類似性を見ながら、当時の村会、町会、市会、県会で議員数を決めていた。戦後はそれを法律で追認して法定化し、長らく使ってきただけである。つまり日本では「そもそも議員は何名必要か」という根本的な議論は行われていない。

地方議員の定数は1999年、上限を定めた法定定数に変わり、2011年からはそれも廃止されている。自らのことは自ら決めること、という自治の原則に沿って各自治体が自由に決められるようになった。しかし、わが地域にふさわしい代表（議員）の数は何名かという「そもそも論」のない空理空論が飛び交うばかり。少なくも戦後70年、法律を根拠に定数の議論を避けてきた日本の地方議会では改めて説明のつく原理をつくらなければならないだろう。

ちなみに、地方議員の報酬、払い方についても、戦後の法律は何も規定しなかった。各地の議会はそれぞれ条例で報酬を決め、払い方を決めた。結果、本来、日当なのにそれが月払い制となり（月給のように見える）、近隣地域との横並び、自治体規模による横並びの支給額となっていく。議員報酬は給与ではなく、地方議員という非常勤の特別職公務員に与える日当なのに。各地域とも月払い制を条例化したこともあり、しかも、いつの間にかボーナスも出るようになり、これは「月給（給与）だ」と錯覚するようになった。実際聞いてみると議員報酬を月給だと思っている人が、議員にも住民にも多いのには驚く。

定数・報酬・カネ

様々な年代層、そして女性にどんどん議員になって欲しい。だから、批判にさらされ続け、議員のなり手がなくなっていく地方政治に活力を呼び戻し、本当の意味で草の根民主主義が根付く国にしていくにはどうしたらよいか、そこを問題にしている。

巷間《こうかん》言われるのが、議員定数が多いという話。また議員報酬が高いという話。いずれも住民側から出てくる話で政治不信の根にある問題だ。だが、議員側からすると、むしろ報酬は低すぎる、だから後継のなり手すら減り続けているという理由づけが行われる。議員立法、条例提案が少ないとも言われる。だが、立法活動に素人の議員集団において、立法・政策スタッフはいない、議会事務局の職員も数人で、どうして条例提案などできよう。所詮それは無理な話、という反論が議員から出る。

もちろん、選挙が怖い議員たちは、正面切って議員報酬が低い、スタッフがいないとは主張しない。結局、定数も、報酬も、条例提案も身内の議員の中だけで「そうはいってもなあ〜」とつぶやいて終わってしまう。要するに、基本的な問題を表に出してホンネで議論する風土にないのが、日本の地方政治をめぐる現状だ。議員にとっては見ざる言わざる聞かざるになるし、住民からすると「言っても無駄だ」と無関心を装うことになってしまう。これが政治不信を増幅させる負のスパイラルだ。この状態を何とか打開しなければならない。

第2章　地方民主主義と地方議員

地方議会が政治の停滞を招く

　地方議会の問題指摘に入るが、私たち住民、有権者は議会の存在をどこまで意識して生活しているだろうか。日常、地元議員、地元議会の存在はどれぐらい意識されているだろうか。

　市長や知事などの首長の動静は地元紙などの取材対象になる。また諸行事でも首長の動静を見ることは多い。しかし、これが地方議会や地方議員の動きとなるとほとんど取材対象から外れ、報道もされない。そうしたこともあってか、住民は議会の存在を意識しない。結果的に、住民にとって議員より頼りになる存在は首長だとなってしまう。

　とくに日本の場合、自治制度が議院内閣制でないため、議員の選挙と首長の選抜が連動していない。議員の誰かが当選後、首長になるわけでもないから、選挙自体、首長選挙は注目されても地方議員選挙はあまり注目されない。

そして注目されないにもかかわらず、地方議会は条例、予算、主要な契約など自治体の基本的な経営に関わる事項の議決機関、つまり最高の決定者なのである。

大阪都構想の推進などをみると、推進派の維新勢力が市議会でも府議会でも過半数を確保していないので、なかなか前に進まない。提案しては否決、提案してはまた否決の連続となる。ここ数年間の大阪都構想をめぐる府・市議会はそうだった。

二元代表制でも本来は議会が政治的な決定の主役なはずである。もとより、現在の地方議会サイドにも、さまざまな問題がある。例えば、首長を多くの会派（政党）で支持する「オール与党化」が進み、執行機関に対する監視が不十分になっている。

予算、条例などもほとんどが無修正で議決される。首長の提案を追認する機関といった感じだ。一方では、一部の自治体ではあるが、首長と議会の対立が先鋭化していたところもある。あるいは「会派あって議会なし」ともいわれるように、議会内の政党対立が激しく、まっとうな議論が行われないところもある。名古屋市、大阪市などが抱える政治的内紛がそれである。

議会内の利害が一致しない問題になると、議員同士も激しく対立する。定数削減や報酬減額、選挙区見直しがテーマになると紛糾し、まとまらない。

住民との直接対話の機会が少なく、議会報告も民意の汲み上げも極めて不十分である。

議会の存在感自体が希薄で、首長の言動、動静には注目するが、議会、議員の動きにはほとんど住民の目が向かない。地方議会をめぐる問題は山積である。

地方議員の仕事

では、地方議員の仕事はどんなものか。地方議員のメインの仕事は「議会での活動」だ。基本的に住民はその議会活動に関わる労働、成果に対して労働報酬を支払っているのである。ところが、人前で演説したり、チラシを配ったりする、一軒ずつあいさつ回りをする、祭りや地域のイベント、行事に顔を出す。確かに日常的に必要な活動ではあるが、こういった仕事がメインになってしまっていないか。

一人ひとりの議員に支払われる労働報酬、それが議員報酬である。これを本人対代理人という関係で説明するなら、本人である住民の代理人（議員）として、議員には公共の意思決定に関わる信託された仕事をきちっと果たす。その労働の成果に対して、幾らいくらと支払われるのが報酬である。この点が忘れられていないかどうか。もちろん、成果の大きさに見合った額であるべきだ。しかし、議員の労働が見えないこともあって、総じて議員報酬は高すぎると批判される。ただ、議員からは、特に小規模な市町村の議員からは、月額20万、30万円といった報酬ではなり手がない、人材のリクルートは先細りだという声を聞く。報酬問題は第3章で扱うが、住民からみた議員報酬と議員からみた議員報酬とでは認識に大きなギャップがある。住民の多くのコンセンサスがあれば、議員報酬に対する批判も出なくなろうが、その点について、いま十分なコンセンサスがとれていない自治体が多い。

地方議員のメインの仕事が議会活動だとして、その主なものは何か。①住民の代表として予算を審議し決定すること、②条例などの法的ルールを作成すること、③首長ら執行部に対し「一般質問」の場などを通じて批判、追及、提案などを行うこと、さらに④議会の様子や争点について住民に報告、説明を行い、意見を集約してくること、である。

それがうまくできているかどうか。話として単純といえば単純なことだが、どうも実際はあまり良い評価は聞かない。威張っている、人の意見を聞かない、選挙のときだけ熱心だが、当選した後は顔すら見せたことがない、といった世評が付きまとう。もちろん、それに対する議員の反論を聞く機会がないのも、住民サイドの不信、不満を増幅してしまう要因かも知れない。だが、根はもっと深いところにあるのではないか。

議会がうまく機能しないのは、首長主導で議長に招集権がない、立法活動を支えるスタッフの数が不十分である、議会活動に関わる予算すら議会自身が決めることができない、議員の出張命令、出張旅費の支給まで全ての執行権が首長に集中している、といった議会に関わる「制度」面に不備があるからかもしれない。仮に制度はよくできていても、それを使いこなす「運用」面に問題はないだろうか。さらに、制度を運用する議員の「意識」面に問題はないだろうか。議員の問題、議会の問題は、本来、「制度」「運用」「意識」の三位《さんみ》一体《いったい》で捉えなければ本質に迫れないだろう。

議会活動への鋭い指摘

地方議会の活動について、筆者がよく受ける質問をまとめておこう。

①なぜ、議会は与党、野党の意識をもって対応するのか（会派単位の議員対首長）
②なぜ、政策・立法活動を首長のみに頼るのか（極端な首長依存、議員力、議会力の低下）
③なぜ、オール与党化して監視統制機能を自ら機能不全にするのか（首長の翼賛議会化）
④なぜ、執行機関の監査委員、各種審議会委員などを兼ねるのか（チェック機能の弱体化）
⑤なぜ、質問の事前通告をし、答弁を事前にすり合わせるのか（議員同士が議論しない）
⑥なぜ、議会は住民報告会や意見集約の機会を持たないのか（首長が遥かに先行）

この項目について、幾つかに絞って説明していこう。

まず、①に関わる点。そもそも首長を議会が選ぶ議院内閣制ではないので、議会内に与党、野党という勢力意識が存在するはずはない。であるが、日本の場合、政治の学習の機会はテレビ等に映し出される議院内閣制下の国会の動きしかない。それをみて、ある政党が内閣を支持する勢力として与党の行動をとっていれば、地方議会の類似の政党に近い議員も与党的な行動に出るのが正しいと理解してしまう。

②については、議員力、議会力が低いといえばそれまでだが、長らく機関委任事務制度下にあった日本の地方自治は、大臣→知事→市町村長というタテの執行ラインを重視する仕組みにあったので、首長に委任された多くの機関委任事務について議員が関与する機会はなかった。

都道府県、市町村とも8割近くを占めた国の機関委任事務について、議会には審議権もなければそれに関わる条例制定権、予算の減額修正権もなかった。こうした中央集権時代に地方自治体の置かれた環境のもと、長い間、提案は首長のみが行うものだ、という慣行が身についてしまった結果ではないか。それを変え、議員立法を増やす、議員が提案するのが仕事だと言われても、すぐにそうした動きはできない。

議員選挙の時はあれだけ「公約」を並べ、約束して当選したはずなのに、実際の活動を見ていると政策・立法活動は首長のみに頼っている。民意の反映といっても、実際は首長から出てくる案を待ち、それを審議しているにすぎないのではないか。住民サイドからこの疑問は未だ消えない。

オール与党化現象

③のオール与党化については後にも触れるが、地元の要求などを予算化、政策化するのに有利だから首長の支持勢力に加わり、首長にすり寄ることになる。オール与党化することで批判機能は弱まる。多くの議員が首長にすり寄る行動を取ることで、二元代表制の議会は批判機能、提案機能など自らの機能を放棄していることになる。

さらに、⑤と関わるが、議会は昔の「学芸会」に近い行動に見えること。なぜ、議員は自分が議場で質問することを事前に執行部に伝え、首長や部課長の当日の答弁について事前にすり合わせるのか。互いに紙に書いた文章を読み合っているだけで、傍聴していてもつまらない。なぜ、議員同士が闊達な議論をしないのか。

また⑥の住民に報告もしない、意見も聞かない点だが、時々、「議会だより」という冊子が個別に配布されるので議員は議会の様子を報告していると思っているかもしれない。しかし、その冊子を見ると、一般質問をしている議員の顔が大写しになったものにすぎず、議員のＰＲ誌にみえる。だからあまり読まない。首長と違い、議会は住民報告会や意見を聞く機会を持たない。自分たちは住民から白紙委任されていると思っているからではないか。

このように議会そのものの活動に疑問、批判の声が強い。報酬、定数、カネの使い方、オール与党化などの問題が折り重なって、議会不信が深まっているとみてよかろう。

なぜ首長優位か

日本の自治制度は首長、議員とも別々に選挙される。この二元代表制は、議会と首長に対し、互いは対等であり、それぞれ住民を代表する政治機関として民意の反映を競い合う関係を求めている。しかし現実は「首長優位体制」と言われて久しい。首長選挙でどの候補、どの勢力に加わるかでその後の議会行動が決まってしまう。つまり支持した首長が当選すると、自動的に、それを押した勢力は与党として活動することになる。

全く別々に選挙されながら、首長選挙で議員があたかも住民の政治代表であるかの如くふるまって、その後の議会活動の帰趨《きすう》を決めてしまう。そうなるなら、議会の自殺行動と言えないか。確かに、首長側につくと、予算編成や条例案の取り扱い、あるいは出身地域(地元)に有利な扱いを受ける機会に恵まれるかもしれない。そこから与党化する議員心理も分からない訳ではない。

しかしそれでは、議院内閣制ならともかく、機関対立主義を原則とする大統領制を採用している日本の自治制度は機能しなくなる。議員の政治的欲望を前提として活動を組み立てはならない。この制度のもとでどうプレーすべきか、よく考えなければならない。

「首長優位」とは議会より首長が優位であるということ。議会は戦前の諮問《しもん》機関の地位を抜け出ていないのではという見方もある。なぜ首長優位と言われるのか、そこには議会だけを責められない構造的なその理由もある。いま一度整理しておく。

① 議会に対する議案の提出が殆ど首長の独占であり、議会の政策形成への影響力が相対として小さい。

② 予算を伴う提案が首長の専権事項と規定され、それに関する議会の減額修正はできず、増額修正のみに限定されている。それも財源が限られ、事実上増額はできない。

③ これまで自治体事務の8割近くを占めてきた国の機関委任事務について、議会には執行機関への質問権、調査権のみしかなく、その内容の是非を問うことができない。

2000年4月以降はこの機関委任事務制度が全廃されており、③は当たらない。であるが、議会が首長の提案に受け身である姿に変わりはない。日本の地方議会は予算に対する関与が著しく制約されており、この点が首長優位を決定づけている理由かもしれない。

なり手不足

重要な政治機関の地方議会だが、肝心のなり手が減っている点も大きな問題だ。議員の

議員提出による条例案件数

（平成26年1月1日〜12月31日）

市の人口規模	条例案
5万人未満　（262市）	211
5〜10万人未満　（267市）	256
10〜20万人未満　（156市）	182
20〜30万人未満　（45市）	80
30〜40万人未満　（26市）	32
40〜50万人未満　（23市）	33
50万人以上　（14市）	36
政令都市　（20市）	80
全市区　（812市）	910

（資料）『市議会の活動に関する実態調査結果』全国市議会議長会平成27年8月

なり手不足の要因を探ると、第1に、議会や議員の活動が住民に十分理解されておらず、議会の存在意義にしっかりした認識が持たれていないことがある。議会活動のPR不足がなり手を減らしている。これを変えていくには議会、議員の情報発信の充実や意思決定過程への住民参加、議会や議員活動の透明性向上などの努力が欠かせまい。魅力ある議会づくり、発信する議員というイメージ形成が不可欠である。

第2に、なり手不足の構造的な問題は一般サラリーマンが事実上、立候補戦線から排除されていることだ。会社勤めをしながら選挙に出る、当選後、議員を兼ねながら会社員を続けることができる、こうした仕組みにないことである。事実上、自営業や退職者、無職者しか議員に立候補できない。すると被選挙権者の少ない割合の中からしか、議員を発掘できないということになる。

第3に、住民に約束した内容を条例化するなどの立法活動も少なすぎるということ。議会の運営や議員報酬の改定などの議会関連条例はともかく、環境や福祉、文化、教育といった住民サービスに直結する「政策条例」の提案は皆無に近い。ある調査によると、提案される政策条例の中で議員によるものは7％程度に過ぎないとされる。

しかも、提案件数は相当数あっても、少数会派からの提案が多く、実際に条例として可決成立する率はさらに低い。年間で県議会や市議会で可決する条例提案は平均1本に満たないともされる。もっとも条例提案だけが政策提案ではない。カネの使い方や施設整備、まちづくりのあり方の提案も政策提案に含まれる。ただ、自治体活動の法治行政の根拠となる条例の影響力は大きく、それが圧倒的に首長提出になっているのだ。

かりに首長の提出案件が多いことは大きな問題ではないと認めたとして、しからば、首長提出案件を議員同士で深く審議し修正しているかと言えば、それも少ない。多くは首長、幹部職員に質問をした程度に止まり、事実上無修正で可決成立する案件が圧倒的だ。調査すると議員同士で討議する機会などない、と答える議会が8割を超えるのには驚く。

地方自治とは？

ここで、住民の、住民による、住民のための政治、つまり地方民主主義について「地方議会」に焦点を当て、地方自治との関わりの中でその役割、しくみ、活動の実態、課題など基本的な事項を述べておこう。

地方議員、地方議会の活動の足場となる器が地方自治体である。公選首長と対置するもう一つの政治機関が地方議会であり、その構成メンバーが地方議員である。しからば、そもそもそこでいう、地方自治の「自治」とは何だろうか。「自治」とは、文字どおり、自ら治めること（self-government）を指す。人と人との関係でいうなら、自分が主体として対人関係を自主的に処理することであり、そこで主体が備えるべき能力は自己決定、自己責任、自己負担の能力である。

これを地域におきかえると、一定地域の住民がその地域の公共的なことがらを自主的に決定・処理すること、それに要する費用は自ら負担し、結果についての責任も自ら負うこと、これが「地方自治」である。つまり地方自治は地域の公共的な事柄を解決する政治・行政の営みが自己決定・自己責任・自己負担の三大原則で行われることを意味する。リンカーンが民主主義の原理として述べた「人民の、人民による、人民のための政治」という統治原理が地方自治の原理を指すといっても差し支えない。

地方自治とは住民生活に関わる地域の公共的な事柄について、その地域に住む人々が、自らの参加によって、自らのためにそのあり方を決定し、結果について責任を負うこと。

それが成立するには、団体自治と住民自治の2つの条件が満たされていなければならない。憲法92条の「地方自治の本旨」がこれを指すが、議会はその2つの自治の条件を満たすために置かれた政治機関である。その構成メンバーが住民から選ばれた代表「議員」である。万機公論に決すべし、世論にもとづき「議論する場」が議会である。

議会制デモクラシー

議会が中心になって地域の自治を構成する、間接代表型の地方民主主義を議会制デモクラシーと言ってもよい。ヨーロッパをはじめ世界で国民に参政権が広く認められるようになったのは19世紀に入ってからだ。そう考えると、その議会制デモクラシーの歴史はそう古い話ではない。

日本も不完全ながら明治半ばに特定の資産家に参政権を認める形で始まった。それが、国、地方とも一般国民が広く参政権を得て、国政、地方政治に参加できるようになったのは戦後である。70年の歴史しかないとも言える。

その参政権もヨーロッパなどのように市民革命を経て手に入れた歴史を持たない日本だから、いまでも十分根付いているとは思えない事象が目立つ。指摘してきたように有権者の半数も投票に行かない、3分の1近い無投票当選者を出しても平気でいるなど、議会制

フランスの一元代表制

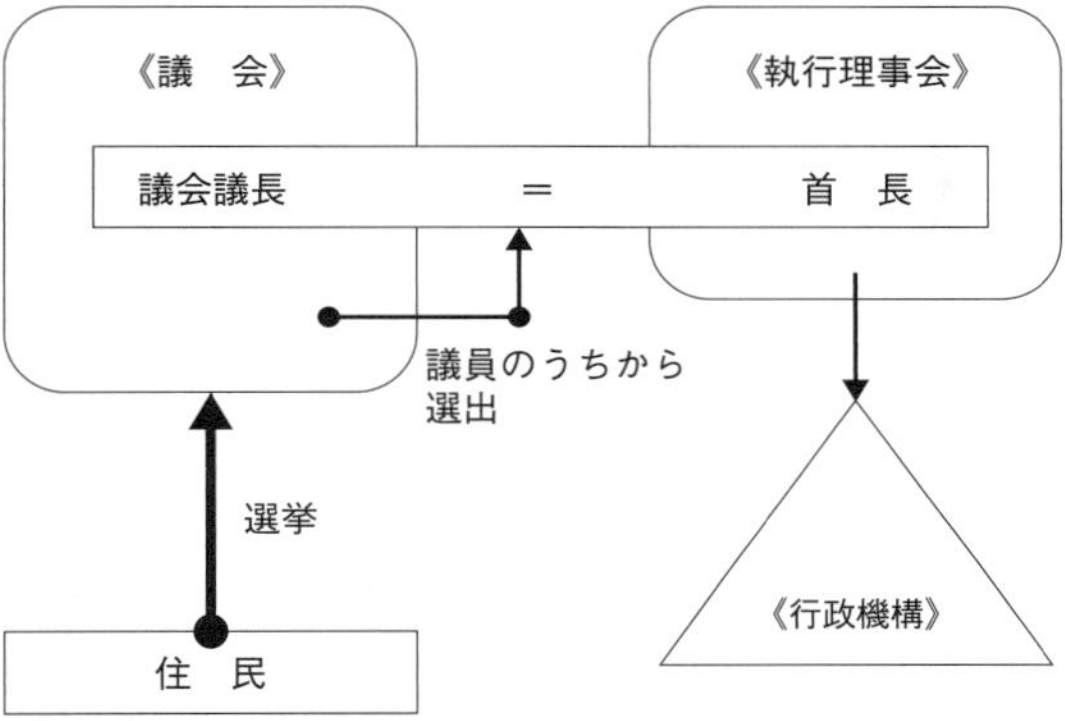

（資料）第31次地方制度調査会資料
（出典：自治体国際化協会 平成27年2月時点）より著者作成

デモクラシーの定着という意味では三流国のレベルを脱していない。

いずれ、地方自治の営みをもつどの国においても地方議会がある。首長と議会の関係には大きく2つの形態がある。執行機関である首長（知事、市長ら）を議長や議員代表が兼務する仕組みを持つ一元代表制の形態が一つ。これを採用する国も多い。

もう一つは、首長と議会メンバーを別々に選出し相互に牽制する役割を期待する二元代表制の国。

日本の場合、執行機関の首長と議決機関の議会を分けて選挙する二元代表制を採用している。そこでは本来、地方議会に与党勢力があって首長を支持するとか、野党勢力があって首長の不支持の行動を明確にするという与野党関係はそもそも存在しないはず。しかし、日本の地方議会では国の一元代表制と同じだと思って、首長を無条件で支持する与党意識の議員も多い。地方議会とは「討論の広場」、住民参加の場である。討論によってものごとを決める、これが地方議会の本質。多くの議員、会派が首長支持派として行動すると、二元代表制はうまく機能しない。

地方議会は地方自治体の議決機関である。ただ、その役割は決定機能に止まらず、監視、提案、民意の集約機能など幅広い役割が期待されている。同時に、議会は知事、市町村長という執行機関と抑制均衡の関係を保ちながら、民意を鏡のように反映することが期待されている。首長の提案について批判的な視点を持ち、対案を出したり修正したりすることが期待されている。広くいえば議会は、自治体のガバナンス（内部統制）において、執行機関の首長に対し、野党的な役割を期待されているといってもよい。オール与党化を避けるべきなのは、ここが崩れるからだ。

明治、そして戦前

日本の場合、現在の地方議会の性格、中身は、紆余曲折を経ているが、明治期に形成された議会の性格が今日まで残影をとどめている。日本の地方議会の形成史をみておこう

地方の参政権の推移

【参政権の拡大】	
1921（大正10）年：	選挙権および被選挙権の資格要件の変更 「地租を納め又はその他の直接国税年額2円以上を納める者」 →「直接市町村税を納める者」
1926（大正15）年：	納税要件の撤廃
【等級選挙制度の変更】	
1921（大正10）年：	市は3級選挙→2級選挙、町村は2級選挙→平等制へ
1926（大正15）年：	等級選挙の全廃
【その他の改正】	
1926（大正15）年：	町村会議長を町村長の業務から議員の互選に改めた
1929（昭和4）　年：	府県に市町村と同様に条例制定権を与える

（資料）亀卦川浩　『地方制度小史』（勁草書房　1962年）

（以下、歴史について大森彌『現代日本の地方自治』参照）。

１８９０年に帝国議会ができる。その頃の地方制度は府県、郡・市、町村からなる三層制であった。町村は郡の、郡・市は府県の、府県は内務省の監督を受けるという上下のヒエラルキー構造のもとにおかれていた。

町村、市を地方自治の区画とし、この区画に市、町、村という独立の法人格を持つ自治体を置いた。この同じ区画を国の地方行政の区画とも位置づけ、これら自治体の長を国の機関とした。これが戦後、府県まで拡大適用されてきた機関委任事務制度の始まりである。

一方、府県は、もっぱら国の地方行政区画、国の地方行政機構として設置され、その長は国の地方行政官とされていた。

明治時代の地方制度の基本的な構造は内務省↓府

県→市、内務省→府県→郡→町村がタテに構造化され、それぞれの代表は末端の市会、町会、村会を除くと、全て間接選挙ないし任命制になっていた。

こうしたなか、町村には公選の議員からなる町村会がおかれ、この町村会が町村長を選挙し、この町村長が町村会の議長を兼任することとされていた。町村を包括する団体の郡には郡会がおかれたが、その議員は町村会議員の間接選挙。郡会の議長は官選の郡長で、郡の執行機関は郡参事会が仕切った。そこでは満25歳以上の男子、多額納税者が「公民」とされ、有権者の地位を有していた。多くは地主だが、地主が地主としての議員を選ぶことになり、地域の名望家、名家から名誉職としての議員が誕生していた。

東京、京都、大阪の三大市を除く、一般の市には、市会がおかれ、条例制定権も認められていた。市会議員の選挙は公民を納税の多寡によって3等級に区分する3等級選挙制度。市長は、市会が推薦する3人の候補者の中から内務大臣が天皇に上奏してその裁可を請うものとされた。市には、市長と市会の選任する助役1名と、名誉職参事会員6名を加えた市参事会がおかれ、これが市の執行機関とされた。

東京、京都、大阪の三大市には、市長、助役をおかず、市長の職務は府知事が、助役の職務は府の書記官がこれを行うなど特例が定められ、自治権の付与は一般市以上に制約されていた。中央集権体制を確立していく上で、大都市の自治化を恐れた措置とされる。

府県の場合は、国の地方行政官庁という性格ではあったが、議会に相当する府県会がおかれ、その議員の選挙は、郡会議員、郡参事会員と市会議員、市参事会員による複選制であった。府県会の役割は限定的であった。府県にも参事会があったが、これは執行機関ではなく、副議決機関とされた。府県の執行機関は内務省任命の官選知事が担い、府県知事は府県会の議長を兼ねるものとされた。知事の諮問機関的な議会の位置づけが分かる。

1898年に三大市にも知事が市長を兼任するという特例が廃止され市長、市役所がおかれた。市長は一般市の市長と同様に、市会の推薦する3名の候補者のなかから内務大臣が選任し裁可する制度へと変わっている。翌年には郡会議員と府県会議員の複選制は廃止され、直接選挙に改められている。

1925年に国政の衆議院議員選挙が男子普通選挙制に変わったことを受け、その前後に地方議会議員の選挙もすべて普通選挙制に改められている。1926年には、市制にも改正が加えられ、市長は町村長並みに市会による選挙で足りることとされ、内務大臣による選任と裁可の制度は全面的に廃止された。明治憲法下の地方制度は、帝国議会発足後に法律によって設置されたものだが、憲法上、自治権が保障されているということはなかった。明治から大正、昭和にかけての選挙に関係する権利、参政権や選挙の資格、議員の身分などについて、その移り変わりをまとめたのが63ページの表である。

戦後、そして現在

戦後はそこに大きな改革のメスが入る。憲法第8章で地方自治を制度的に保障し、また都道府県知事の選任方法を官選から民選による直接公選に改め、知事以下の職員を一部の地方事務官を除き、地方公務員とした。同時に市町村長も議会の間接公選から直接公選に改め、各種の直接請求制度を創設することになる。

しかし、その際、府県と市町村に国の地方機関としての役割を持たせる機関委任事務制度を大幅に組み込む制度改革も行われた。府県には国に代わって市町村を指揮監督する立場を与え、国と市町村の間の上下双方向の情報伝達は、府県を経由することが原則となり、国、都道府県、市町村の上下主従関係が戦後も形を変えて維持されることになる。

この結果、都道府県議会、市町村議会は二元代表制という首長、議会が対等な政治機関として構想されながら、議会には事実上、多くを占める機関委任事務の審議、決定、条例作成、予算修正などの権限は与えられず、脇役の地位に甘んぜざるを得ない制度が2000年まで戦後半世紀以上続く。

2000年の地方分権改革

これに終止符を打つのが2000年の地方分権改革である。2000年の地方分権一括法（475本の一括改正）の施行により、機関委任事務制度は全廃され、各自治体とも8割近くが自治事務化され、自己決定領域が飛躍的に拡大した。

2割の法定受託事務を含め、議会は10割領域について審議権を手に入れることになる。戦後初めて二元代表制が正常に機能する制度的な土壌が生まれた。問題は運用、意識のレベルが付いて行けるかどうかだ。

繰り返しになるが、それまでの各省大臣の地方機関として、国の委任業務を多く処理するよう位置付けられた知事、市町村長は、公選職でありながらあたかも大臣の部下であるように通達で縛られ、補助金によって統制されていた。各省の仕事が大臣→知事→市区町村長というルートで地方機関（法的な位置付け）へ回され、結果として都道府県の業務の8割近く、市町村業務の4割近く（都道府県からの委任、国の業務の再委任を含めると8割が委任業務）が機関委任事務で占められていた。

議会には8割近くを占めた機関委任事務について、審議権も条例制定権も予算修正権も与えられておらず、機関委任事務の執行に関する「監視権」のみ使える状況下にあった。これでは地方議員自らが、地方議会は「チェック機関」だと確信せざるを得ない。中央集権のメリット、つまり全国に統一性、公平性を担保する、国が強いリーダーシップを発揮するために、もうひとつの政治機関である地方議会を排除してきたとも言える。

２０００年の地方分権改革によって、上級官庁、下級官庁といった国からの法的統制や通達による統治構造は大きく変わり、基本的に都道府県も市区町村も8割近くが固有の自治事務を有する自治体となった。これで2割の法定受託事務を含め、地方議会は各自治体の10割の仕事について審議権を持ち、予算修正権をもち、条例制定権を有するのである。

ただ問題は、こうした制度改革を現在生かせているかどうかだ。地方議会が従来型のチェック機関だという発想なら何の進歩もない。地方議会は決定者、監視者、提案者、集約者として、チェック機関から「立法機関」へのパラダイム転換が求められている。これに応えることが議会改革の本丸であり、各議員に求められる役割行動である。

地方議会における与党と野党

議院内閣制（一元代表制）を採用する国会は「国権の最高機関」とされる。行政を主導する内閣の代表である首相は国会が指名する。首班指名をめぐって与野党が形成される。原則として多数派である与党は、内閣を支え内閣と一体となって自党の政策を推進することになる。これが議院内閣制だ。一方、少数派の野党は政権批判と対抗政策の提示を通して政権交代をめざす。このような国の議院内閣制は与党、野党の形成を制度の必然として求めている。

つまり与野党の形成がなければ議院内閣制は機能しない。したがって、国会の与党に課せられる最大の使命は首班指名、内閣の形成であり、自党の政策の遂行である。それに対し、野党の使命はそのあり方を監視統制し、常に対案を持って政権批判を行うことだ。

一方、首長と議員を別々に直接公選し、双方が異なった役割を持ちながら、2つの政治機関は対等な機関として権力的に抑制均衡関係を保つのが二元代表制である。そこで自治体が採用している二元代表制のもとでの議会は「議事機関」（憲法第93条）とされる。これを文字通り解釈すれば、「議事する機関」つまり「討議する機関」ということになる。首長と議会の法律上の権限配分は別として、それぞれが市民の直接選挙によって構成された政治的に正当性を同じくする、対等な代表機関（政治機関）である。決して首長の下請け機関であることを求めているわけではない。

もう一つ、首長と議員の選挙は別々に行われるので、議会における与野党の形成は必然的なものではない。あえて「与党」「野党」という表現を用いるなら、自治体では、首長に対する支持派、不支持派という表現になろう。不支持派が多くを占める場合、首長の政策執行が行き詰りがちになるかも知れない。しかし、だからといって首長が議会を解散するとか、直ちに議会はけしからんと批判するようなことにはならない。

この政治制度を「機関対立主義」という。執行機関と議事機関は対立することがあるべき姿ともされる。しかし、その対立は、妥協を生まない対立ではない。国会の真似をして会派ごとに党議拘束をかけて、首長の提案に一致結束して賛成、反対を表明する、そうしたものではない。「会派あって議会なし」の姿は正常ではない。ある意味、首長の暴走を抑え、独裁政治に陥らないよう監視し、修正を試みるところにこの制度のよさがある。

議会は地域の代表、職層の代表、女性層の代表など多様な層の代表から形成される。地方議会はその地域にとって「民意を鏡のように反映できる」装置のはずだ。首長のように特定の価値観を持つ個人ではなく、多様な価値観の集まりである。だから首長の提案をもとに議会が民意を基礎に修正を重ねながら法案を練り上げていくことが大切なのである。

ところが、地方議会はよくオール与党化している、とされる。多数会派が常に首長との駆け引きの中で結論を出していくということになる。少数意見は反映されず、議論も首長と与党会派の中だけで進みがちになる。会派という政党政治の隠れ蓑のような集団が議会を制することは、本来の民意を鏡のように反映するという議会のよさ、強みを自ら失ってしまうことにもつながりかねない。牽制機能を失ったオール与党といわれる体制自体、地方政治の機能麻痺と言えるだろう。議員個々が自分の採決行動に責任を持って議会活動をする、それが二元代表制での議会活動の基本ではなかろうか。

議会は広義の野党機能

しからば地方議会は、いったいどんな仕事の仕方をすればよいのか。

国会との対比でいうと、地方議会には首長が住民代表として統括する行政に対する批判機能（対案を出す機能も含め）と、団体としての自治体の意思を決裁する機能があるといえよう。予算、条例、主要な契約の決定がこれにあたる。つまり、国会では主として野党が担う政権批判の機能を、自治体の場合は議会という政治機関が「機関全体の仕事として担う」ことが期待されているわけだ。地方議会には広い意味での野党機能を期待されていると言い換えてもよい。

もっと丁寧にいえば、こうした野党機能と、ある与党的機能の二つをバランスよく果たすこと。後者は地方議会が自治体の政治機関として決定者、監視者、提案者、集約者の役割をしっかり果たすことだ。自治団体の予算、条例、重要な契約を決定する。決定後の執行についてしっかり監視統制する、首長の提案で足りない部分は議員立法で提案し修正もする。そして議会の決定内容を住民に逐次報告し、意見を求め、さらに要望を集約する。この役割を果たすことが地方議会の本務と言えよう。

首長のみが輝いて見えるのは、地方議会が自らの強みを見落とし、民意を反映する活動をしていないからだ。多様な地域、多様な職域から選抜される議員で構成される議会は、多様な意見を内に含んでいる。それを政策に反映する試みをどんどん行うべきで、環境や福祉、子育て、まちづくり、地産地済グループといった多様な政策集団を形成し、現場から鋭く問題を提起したらどうか。自分らで考えた解決策を提案するなら、議会の評価は大きく変わるはずだ。立法能力に不安があるなら、広域で「○○地域法制局」を創設し、条例の作成から法令審査までサポートしてもらう法務体制を整えたらどうか。地方議員の逆襲とは、まさにそうした「攻め」を意味する。

ちなみに、2004年度の法改正で年4回に制限されていた定例会（第1定例会、第2定例会……）の回数制限はなくなっている。なかには通年議会制を採用するところまで出てきた。各議会は主体的に会期の設定ができる。通年議会も可能だし、毎月の月例議会を開くこともできる。従来どおり、年4回の定例会でお茶を濁している議会は旧態依然の議会とみてまず間違いない。これを、声をあげて変えるのがやる気ある議員たちではないか。複数の常任委員会で審議に参加することもできる。こうした改正を「議会活動」の充実に生かさない手はないはずである。議会を変える裁量権は大きく広がっている。

立ち位置の変化

本来、住民にとっての拠り所は、執行機関ではなく、決定機関である議会であるはず。

ひろく住民代表として選ばれ多数の議員から構成される議会は、地域のニーズ、職層のニーズ、年齢層のニーズ、性別の違いから生ずるニーズなどを幅広く自治体行政に反映させる住民の窓口といってもよい。

しかし、どうも現実は違う。様々なルートを通じて住民との対話を深めているのは首長である。残念ながら議会は、支持者に向けた個別の議員の活動はともかく、組織としての議会が組織的に住民との対話を進めている様相にはない。制度的に期待されている役割と実際の運営にこれだけ大きなギャップがある機関もめずらしい。改革課題は山ほどある。

国が決めたことを執行する自治体ではなく、自治体固有の業務を自らの判断で決め自ら責任を負う、それが現在の地方分権時代の自治体である。この分水嶺が２０００年の地方分権改革にあった点は既に述べたが、これにより地方議会の権限は飛躍的に拡大した。それまでの地方議会は政治の脇役に過ぎず、自治体自身も、あたかも国の下部機関のようだった。

それが、分権改革で機関委任事務制度は全廃され、議会には自治体全ての業務に審議権も条例制定権も認められ、全てが予算審議の対象となった。不必要な仕事はなくすこともできるし、予算を減額修正することも可能だ。議会がまとまるなら、執行機関を統制しリードすることもできる。まさに議会は政治の「主役」、政治主導が可能な状況を得た。

地方自治の本旨と議会の関係図式

❶ 公共政策の	決定者	←	団体自治
❷ 執行機関の	監視者	←	住民自治
❸ 政策などの	提案者	←	住民自治
❹ 民意の意見の	集約者	←	住民自治

団体自治、住民自治と議会

住民と議会の立ち位置を確認しよう。筆者なりの説明だが、地方自治という営みとの関わりで議会を位置づけてみる。憲法92条の「地方自治の本旨」では、団体自治と住民自治が車の両輪とされる。地域の範囲が決まっており、そこに住む住民が確定しているなら、その地域は自ら公共活動の拠点として公法人の自治体（市とか町）を持つことができる。しかもその意思決定にヨソの自治体、国などは介入できない——これが団体自治の保障である。

もう一つ、その意思決定には男女差、納税の多寡、職業の有無などに関わりなく、一定年齢になれば全ての住民が参加できる——これが住民自治の保障である。この2つの自治が担保され、車の両輪のように機能して初めて地方自治が成り立つという理解である。

地方議会には、決定者、監視者、提案者、集約者の4つの役割がある。その役割と、この地方自治の本質をなす2つの自治から解釈すると、どう位置付けられるか。

一つは団体自治の観点からで、地方議会は自治体全体の意思決定機関（①）であるということ。「決定者」、つまり自治体の団体自治を代表する機関が地方議会であるといってよい。

もう一つは住民自治の観点からで、これには3つの役割が関わる。一つめは首長ら執行機関の監視者（②）であるということ。2つめは住民に代わって政策提案をする機関（③）であるということ。そして3つめに任期の4年間に起こってくる様々な事態への対応を含め、住民に報告し民意を集約する機関（④）ということができよう。図式的に整理すると右のようになる。従来、地方自治論などではこの種の説明はないが、筆者はこうした地方自治の本旨（団体自治と住民自治）に関わる政治機関が議会であることを明確に説明することが大事であると考え、このモデルを創出した。

この4つの役割を団体自治、住民自治の代表としてしっかり果たしていく、それが地方議会の役割、地方議会の本質である。翻《ひるがえ》って述べると、それこそが地方議会を構成する一人ひとりの地方議員の役割であると言えよう。

これをどう実現していくか、以下の章でいろいろ議論してみたい。

第3章　地方議員の待遇

議員バッジは通行証

「議員バッジ」を知らない人は少ないだろう。赤紫、紫紺などの丸いバッジで真ん中に金色の菊の模様が入っている。国会議員も地方議員もみなこれをつけている。ただ、その意味するところになると分からない。またどれぐらいの人がつけているかも意外と知られていない。欧米をみると、こうしたバッジなどをつけている議員はいない。そうした制度もない。バッジをつけるのは韓国、日本などにみられる少数の例といってよい。議員バッジは日本の政治文化を表すひとつの象徴ともいえるので、少しこだわって紹介してみよう。

日本の地方議員の数は、3万3438名（2014年末）。

その人たちを一般人と区別する、わかりやすいシンボルが議員バッジである。ひと目でこの人は議員だとわかる工夫だと言われれば、そうかも知れない。

もともと議員バッジは議場への「通行証」としてつくられたものだが、いつの間にか、一般人と区別する特権的な身分のあかし、「身分証」のようなものに変わってしまった。国、地方を問わず、議員バッジには特別な効用があるように思える。胸元のバッジが「権威」の象徴にみえるからだ。不祥事を理由に議員を辞職する会見などで、「議員バッジを外す」と述べる議員がいる。議員にとって、バッジは命の次に大事なものなのだろうか。

国会の議員会館が立ち並ぶ東京の永田町にいくと、ある種、議員バッジの集団であふれている。衆参合わせて717名も国会議員がいるから、そこにバッジ族が多いのは当たり前だが、それを上回る数の地方議員が陳情・請願、面談のために訪れている。彼らは省庁回りの後か先に必ず「オラがムラの先生！」を議員会館に訪ね、意見交換やいろいろなお願いをする。記念写真も撮る。行政とは別の意味で、政治の世界での中央集権の構造を垣間見る思いがする。国会→都道府県議会→市区・町村議会の議員の上下主従、系列化の構図である。この発想・考え方を壊し、国会、地方議員を対等な扱いの下で政党運営をしようというのが国政政党・おおさか維新の会かもしれない。

それはともかく、国会議員のバッジはあたかも権威の象徴のように、ひときわ目立つ。

地方議員のバッジには様々な種類がある。筆者は、よく議員大会や議員セミナーに招かれその集団に会うが、区別はよくわからない。都道府県の議員バッジは同じだが、同じ市議でも一般市議より政令市議のバッジは一回り大きい。町村議員の場合、一般議員のバッ

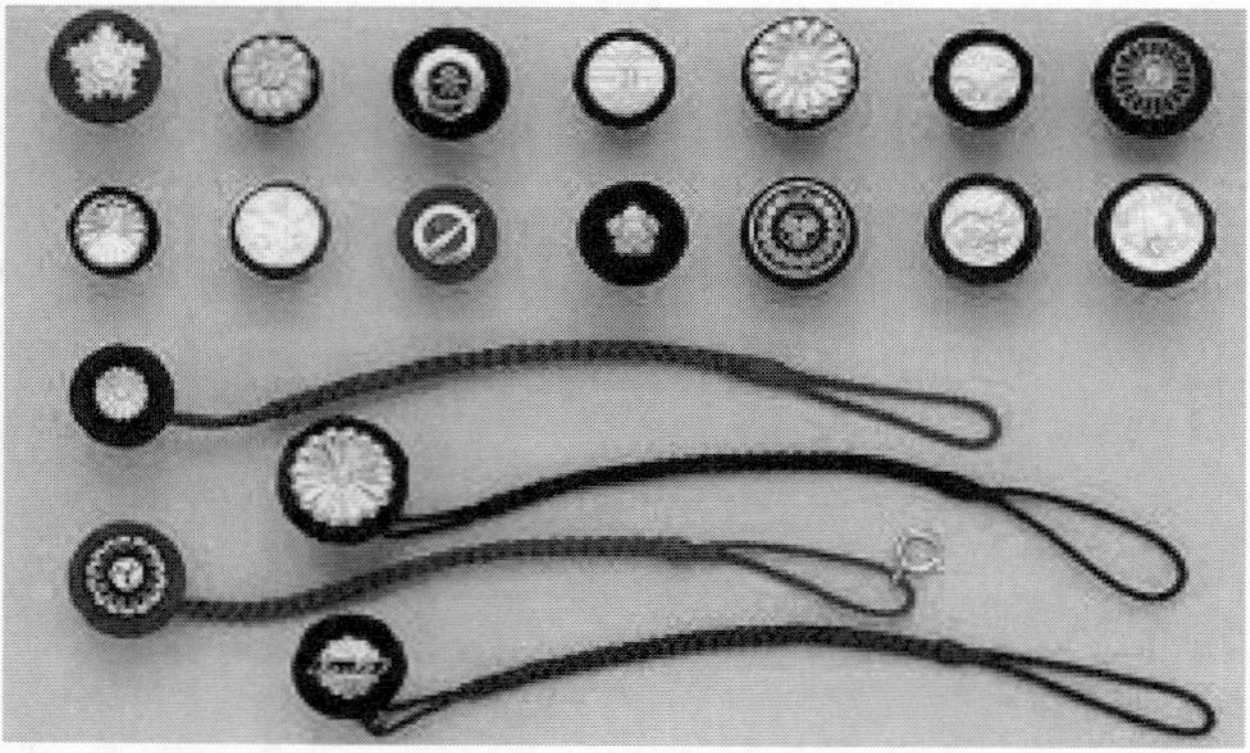

ジは同じだが、他に議長バッジとか、郡の会長バッジまである。さらに国会議員と同様、地方議員にも退職議員バッジがあり、議会によっては色の違う長期在職者バッジまで作っている。10年、15年表彰の際、公布されるという。目立たないがモールの巻かれていない略章（徽章《きしよう》）もある。

上の写真は一例だが、地方議員がつけているバッジの種類はこんなにある。ほとんどの人はどれがどれだか知るすべもないが、彼（彼女）らの世界では絶対的な意味を持つようだ。この種の人たちがいかにバッジが好きかが分かる。

この3万4000余のバッジをつけている地方議員が、日本の公共分野の約3分の2を占める自治体行政の決定者である。どこまで本人にその自覚があるか分からないが、議会制デモクラシーは議員に決定者の役割を委ねている。ある試算では国会も含め、議員、議会制度を維持するために要する経費は、事務局経費など間接経費を除く歳費、報酬費など直接経費だけでも、ざっと5000億円とされる。うち約4000億円近くが地方議員の経費とみられる。

バッジのない議員像

バッジは通行証と述べたが、ある市の条例をみると議員バッジについてこう規定している。

第1条　議員は、その身分を明らかにするため、議員き章（以下「き章」）をはい用するものとする。

第2条　き章は、議員の当選が決定したとき直ちに交付する。

第3条　議員が亡失その他の事由により、き章の再交付を受けるときは、実費を納入しなければならない。

どうやら、この規定からすると、議員バッジは「身分を明らかにする」身分証のようだ。議員活動をする際は、身分をそのバッジで明らかにせよと言うのか。なぜ、こうまで日本の議員はバッジにこだわるのか。それは日本独特の政治風土のせいなのか。

確かにバッジをつけていると目立つ。目立つという点では不祥事の防止につながるかもしれないが、その抑止効果は怪しい。議員バッジは一般市民を代表している印という意識より、「一般市民より一段高い身分の証」といった錯覚につながっていないか。最近の、威嚇したり、威張ったり、暴力沙汰を起こす地方議員の事件を見聞きすると、そこに特権意識があるようにみえてならない。

むしろ、まちづくりの代表、市民生活者の代表という感覚を植え付けるには、欧米のように議員バッジなどなくしたらどうか。意外にそうした「心の垣根」を外すところから、地方議員の改革が進むように思うがどうか。

サラリーマンが普通に議員活動のできる社会ができれば、彼（彼女）らは自分の所属する会社の社章をつけたまま、議場で議論をするかもしれない。それは普通の会議の姿と変わりない。もし議場に入るのに印が必要なら、社章の下にリボンをつける工夫でもよいのではないか。パーティなどで会費を払った人とそうでない人を区別するリボン、あの感じである。普段着の議会イメージなら、それでよいと思う。

有権者枠を18歳まで広げ、ようやく世界標準に達したと胸を張る人がいるが、この議員バッジを「権威の象徴」と思っている間は、変わらない。国会議員も含め、議員バッジを廃止するという提案に、現職の議員がどれだけ賛成するか、一度聞いてみたい。一般市民は賛成すると思うが、議員諸氏はどうか。もし市民にも「議員バッジの着用を義務付けたほうが、議員の不祥事、不正が減るから外すな！」と、見られるようでは残念で仕方ない。

公選職に就く意味

議員という公職に就くことの意味を吟味してみよう。

わが国の場合、憲法93条の規定に従い、自治体の代表機関（政治機関）は長と議会であり、両者は別々に住民によって直接選出される。長と議会は対等な関係に立ちながら、相手の「代表性」の特徴を認め合い、それを生かし、車の両輪のように、自治体の意思決定を行っていく共同責任を負っている。いま風にいうと、自治体のガバナンス（内部統制と方向付け）のカギを握っている。

周知のとおり、首長や議員という公職に就くためには「公職選挙法」という法律（ルール）に従って選挙で民意の審判を受けなければならない。首長や議員に選挙があるのは、その公職の性質から来ている。首長や議員という公職は、自治体全体の意思を決定できる公権力の行使者を意味している。議会は決定機関、首長は執行機関という役割の違いはあるが、ともに住民全体の代表者として、自治体の意思を公式に決定・執行できる権限を持っている。

公選職をめざす人、そしてその職に就く意味について行政学者の大森彌氏は次のように説明する。なかなか面白い説明なので、長めに引用しておきたい（大森『現代日本の地方自治』原典の表記は適宜読みやすく改めた）。

「一地域においても権力の座を求めて、虚実入り交じる政治の世界に乗り出していく人物は、一般的に、五欲旺盛、気力体力は充実し、細心かつ厚顔無恥、自己顕示が強く、並の人間ではないといってよい。いったん手に入れた公職を放さず、これを恣意的に運用したり、これを利用して私腹を肥やすかも知れない。政治のプロの志願者に、いわば一度免許を与えて権力の公的地位を永続的に保証してしまうと、住民にしてみれば、どんな人災をこうむるか分からないという心配が出てくる。

それゆえ、現行の制度では、この心配を取り除くため、政治のプロの地位を政治のアマチュアである一般有権者が許可する工夫が講じられているのである。」

「いわば権力行使の免許状の書き替えを4年ごとに行うのが選挙なのである。また、選挙から選挙の間に、住民の代表者として信託をうけた政治のプロとして著しい落度があったときの免許状の取り消しがリコール（解職請求）なのである。

このように、政治のプロの選出にアマチュアがかかわり、落選ないし解職させる、つまり失職させることによって、政治のプロが権力を濫用することを住民が防ぐことができる仕組みになっているのだ。逆に、政治のプロとしては、当選ないし再選を目指して集票活動に精を出すことにもなるのである。なにしろ選挙で落選すればタダの人である。」

地域において、首長と議会が自治体の意思を公式に決めることができるのは、選挙を通じて民意の審判を受け、代表者であるとみなされるからだ。「代表」という考え方は、異なる意見や利害をもつ多くの人々に代わって、判断できる資格をもつという意味である。だから、戦後の地方自治は、特定の名望家や専門家を〝選挙なし〟で任命することも、世襲制や多額納税者を議員として処遇する制度も認めていない。法のルールに沿って、首長も議員も4年ごとに選挙される。この点だけを捉えれば、フェアな制度といえよう。

ただ問題はその代表が期待されるような行動を取っているか、役割を果たしているかどうかだ。これについてはあらためて、述べる。その前にその代表はどのような身分、報酬を受けているのか、その実際に迫ってみたい。

給与のように払われる地方議員の「報酬」

地方議員には、給与ではなく、報酬が支払われる。その議員の報酬額はどれぐらいが望ましいか。一般市民が高い関心をもつ点だが、しかし意外にはっきりした根拠は見当たらない。世の中で高い、安いとの応酬が繰り返されてきたに過ぎない。

例えばニューヨーク市議のように、市内の勤労者の平均所得の上位2割の金額を支給すべき、といった哲学があるわけではない。横並びで次第に高くなってきた歴史しかない。諸外国に比べ、日本の地方議員は総じて高額の報酬を受けている。ある意味、生活費を保障しているようにも見える。報酬が高い点では国会議員も同様である。

日本の議員報酬について、法律の規定はシンプルなもの。地方自治法第203条1項でこう規定する。普通地方公共団体は「その議会の議員に対し、議員報酬を支給しなければならない。」「議会の議員は、職務を行うため要する費用の弁償を受けることができる。」「条例で、その議会の議員に対し、期末手当を支給することができる。」「議員報酬、費用弁償及び期末手当の額並びにその支給方法は、条例でこれを定めなければならない。」

つまり、各自治体のローカルルールである条例で定めるよう、規定しているに過ぎない。ここで書かれている議員「報酬」は議員「給与」とは違う。一般職公務員のように、フルタイムで働き生活給の保障の色彩が強い「職員給与」と違い、地方議員には給与ではなく、報酬が支払われる。報酬は非常勤の職員（議員）にその役務（サービス）の対価として支払われるもの。その報酬の性格は身分報酬ではなく、労働報酬である。本来、報酬は勤務日数に応じて支払われる「日当」の性質をもつ。

これから解釈するに、活動日数×日当＝総支給額という計算となるはずだ。議員報酬を日額、月額、年額のいずれにするか、法律に明文規定のないことから、各自治体は条例で支給方法を決め、ひとえに横並び意識から、多くの自治体は「月額支給」とし、現在に至っている。住民に説明責任を果たせるならよいが、自治体内部の特別職報酬等審議会で身内の目線で結論を出すだけでよいのか、決定過程について未だオープンな説明はない。

地方議員は非常勤特別職

地方議員の身分は、兼業、兼職も認められた非常勤の特別職公務員である。そこで支給される報酬の根拠をどう考えたらよいか。

2008年に福島県矢祭町が日当制（日額3万円）へ変えて話題になった。人口6800人の小さな町の改革実験だが、それまで月額20万8000円支給していた議員報酬を廃止し、議会に1回出席するごとに3万円を支給するとした。これで町議会の人件費は約4分の1に減り、他の少子化対策や子育て支援に充てられている。ただ、「月額制」に戻すべきだという議論があり、2015年3月議会で紛糾、平行線のまま結論は出ていない。

条例に基づき地方議会の議員にも、常勤の国会議員と同じように「期末手当」が支給されている。町村議の平均で月額報酬の3・2〜3・5ヵ月分の支給。政令市の場合、おおむね4・5ヵ月の支給額。これによって、労働報酬なのにますます生活給の色彩を強め、「報酬」との整合性がとれなくなっている。

2011年に廃止されるまでは議員の在職期間が通算12年以上になると議員共済年金が出ることになっていた。だから、議員になると、せめて3期は続けたいという動機が働いた。在職3年以上12年未満で辞めた場合は、退職一時金が出るという仕組みもあった。現在、これは国会議員と同様に廃止されているが、各地の議員の中には復活を求める声もある。この感覚はどうみても、常勤の公務員と同じ扱いを求める考えではないのか。

もともと生活給の考え方を取っていないのに、報酬額は勤務日数と関わりなく、月額で支払われる。地方議員も国会議員と同様、期末手当（ボーナス）が支給される。政務活動費という、国会の立法事務費に準じたカネも支給されている。もちろん、その額には東京都の年間720万円から町村の年間12万円程度までと大きな差はあるが、政務活動費の支給は自治体で決めれば制度として保障されている。

もっとも最近、財政難などを理由に、政務活動費を交付しない自治体も見受けられる。全国の市のうち約13％がそうで（市議会議長会調べ）、町村になるとこの割合はもっと増える。

報酬の決め方

都道府県議員の場合、国会議員の給与が一般職の最高給与を下回らない額という考え方に近いかもしれない。東京都の場合は本庁の主要局長の平均給与相当額、一般の県の場合は本庁部長の平均給与相当額に近かろう。しかし、市の場合は本庁の課長クラス、町村の場合は大卒新採用職員に近い水準である。

議員報酬の額について首長が外部委員からなる特別職報酬等審議会を設置し、2年ごとに見直すところが多いが、その根拠数値は公表されていない。報酬を考える際、ヒントとなるのは、矢祭町が議員報酬を日当制とし、その額をなぜ3万円（年90万円）にしたかだ。

矢祭町は、改革以前には議員報酬が月額20万8000円、議長30万円、副議長22万7000円で、一般議員の年報酬額は約330万円だった。それを、ボーナス廃止、定数も18人から10人に削減、日当3万円にした結果、議員報酬にかかる全体の人件費は年間3470万円から約900万円になり、町議会全体として2500万円の削減となった。

矢祭町の日当3万円の積算根拠は、町の課長職の平均日給4万4772円（ボーナスを含む平均）の7割としている。毎日8時間勤務の職員に比べ、議員は臨時出勤で1回の勤務時間も短いため7割としたというのだ。日当の対象となるのは、本会議や委員会など議会への出席と、成人式や消防団の出初式《でぞめしき》など町の公式行事への参加が「出勤」扱いとなるようで、その日数の累計が年間30日程度になるという計算なのである。

もちろん、議員報酬を矢祭町方式の日当制に変えてよいかどうか、議論はあろう。その後、続く自治体が現われないところをみると、現実的でないのかもしれない。そんな少ない金額では議員のなり手などないという話にもなろう。ただ考え方はしっかりすべきだ。日当とは実費弁償ではなく、あくまで報酬である。労働報酬として交通費等の実費弁償とは区別されて払われている。これは議員を職業ではなく、ボランティアないし名誉職と捉えた戦前の扱いに近いかもしれない。ちなみに戦前の地方議員は原則無報酬だった。

実際、こうした矢祭町方式は農業などと兼職する議員の多い小規模町村の議会に当てはめることは可能かもしれないが、専任職化している都道府県や大都市の議員に当てはめることは事実上不可能であろう。では、何を根拠にどの程度報酬を支払うのが妥当なのか。

先にニューヨーク市議の例を紹介したが、たとえば県内ないし市内の勤労者所得の平均の上位2割の全額を支給の根拠とするのはどうか。勤労者所得の平均ではなく、上位2割とするのは、政治リーダーに対する敬意と業務の難易度を見ての設定だが、問題は住民がこれで納得するかどうかだ。

現在の年間の報酬額を議会の開催日数等で割ると、日当換算で5万円とか、地域によっては10万円、15万円という額になる。議員報酬は本来「日当制です」と言われて計算した額だが、すると住民から、この地域に日当2万円以上の仕事ってどんなものがありますか、と聞かれてしまう。それにどう答えたらよいか。

差の大きい議員報酬

議員報酬の地域差も大きい。それについてどう考えたらよいか。

実際は、都道府県、市町村とも人口規模の大きい自治体ほど報酬額が高いが、そこには極端な差が見られる。２０１４年４月時点の各地のデータからひと月の議員報酬を調べてみると、都道府県レベルでは東京都の１０２万円に対し、山梨県が74万６９００円。政令市レベルでは京都市の96万円に対し、浜松市が64万８０００円。一般市レベルでは鹿児島市の68万６０００円に対し、白岡市（埼玉県）が22万２０００円。町レベルでは葉山町（神奈川県）の39万円に対し、松野町（愛媛県）が13万７０００円（ただし矢祭町の日当３万円制は除く）。村レベルでは飛島村（愛知県）の29万円に対し、青ヶ島村（東京都）が10万円となっている。

都道府県の間で地域差１・４倍、政令市の間で１・５倍、一般市の間で３・１倍、町の間で２・９倍、村の間で３倍近い報酬差が見られる。これをどう理解したらよいだろうか。

一般職の地方公務員の場合、国家公務員給与との均衡、地元企業との均衡という２つのモノサシに照らして各自治体の給与表ができあがっているが、議員の場合、非常勤の特別職公務員という扱いだから、こうした均衡概念はない。とはいえ、それぞれ都道府県、市町村であまりにも差が大きいのではないか。それを単に財政力の差と説明してよいのか。

全国７９０市の議員報酬の平均は月額41・８万円だが、人口50万人以上の市になると、平均70・７４万円、５万人未満の場合、平均32・７８万円となっている。ただ同じ５万人

人口段階別にみた市議会議員の平均報酬月額

（2014年12月31日現在）

人口＼区分	平均報酬月額（万円）			
	市区数	議長	副議長	議員
5万未満	262	40.90	35.30	32.78
5〜10万未満	267	47.22	41.57	38.74
10〜20万未満	156	55.82	49.90	46.26
20〜30万未満	45	68.59	61.29	55.24
30〜40万未満	26	70.44	63.82	58.35
40〜50万未満	23	75.57	68.30	62.35
50万以上	34	88.80	79.49	70.74
全国平均	813	51.30	45.29	41.81

（資料）『市議会議員報酬に関する調査結果』（全国市議会議長会　2016年7月）

未満と言っても地域と規模によって44・2万円から18・0万円と大きな開きがあるし、50万人以上と言っても50・0万円から政令市など100万都市では95・3万円に達する（2014年末）。

上の表にはないが、町村の場合、平均人口は1万3000人で月額約21万円である。ちなみに町村長の平均給料は68万5000円だから、議員は町村長の3分の1の支給額となる（同）。

県議についてもふれると、概ね全国平均で月額80万円。なぜか、県議80万円、市議40万円、町村議20万円と2分の1、2分の1の法則が見えるが、これは偶然なのであろうか。

これでは常勤職に近い？

ともかく、地方議員の待遇は、一般住民からすると常勤議員と変わりなく見えよう。都道府県議員や政令市議員で年間約115日、市区議会議員で約95日、町村議員で約47日の会議日数である（2013年）。その一方で、全国の市議会議員の報酬は政令市で約86万円、一般市で約41万円、町村議員で約21万円。政令市の議員は市の局長並み、市会議員は市の課長並み、町村議員は大卒の新規採用職員並み。ちなみに都道府県議会議員の月額報酬は約80万円で県庁の部長クラスの待遇とみてよい。

ちなみに、この報酬にボーナスなどを含めた額を単純に議会活動の日数で割ると、県議で日額11万円、政令市議では17万円、一般市議や町村議で7万円という計算になる。こうした報酬が適正かどうかである。議員に聞くと、これではとても生活ができず、安すぎるという。一般市民からすると高すぎるという。どちらの意見が正しいのか。

その判断基準は本来議員を選ぶ住民が持たなければならない。公式行事以外の様々な雑務を含めた議員の活動実態に比べ、もし潜在的に高すぎると感じているなら、下げろという要求もあろうし、もっと労働報酬に見合う仕事の仕方をしろという要求もあろう。何らかのモノサシがいる。

経験年数を加味しない報酬

議員の報酬は、議員の経験年数等による加算は一切行われず、全員同額であるから、議員としては対等である。役職手当として、議長は報酬の20％、副議長は10％、委員長は数％の増額をして差をつけている程度である。それでよいかどうか。むしろ労働の対価というなら、働きぶりで差のでる議員報酬表をつくり、一号から五号くらいのランクがあってもよいのではないか。ただ、議員報酬は一般的には地域の他の職業に比べれば結構高いと言えるかもしれない。もとより、自治体の規模によってまちまちで、同じ市や都道府県のなかでも相当の開きがある。これは、地方公務員でも一般職の職員給与にあまり地域差がないのと対照的だ。

どうやら、都道府県や大部分の市では一般職公務員の最上位の給与を下回らない額を、小規模町村では一般職の初任給並みの額を、それぞれ支給しているとみてよさそうだ。

都市部の市議や県議の中には、この程度の報酬ではとても足りないので、国会議員同様、議員報酬ではなく議員歳費（給与）にしてもっと値上げしてくれないかという声がある。事実、その方向で検討してみようという動きもないわけではない。

ただ、国際的にみても、地方議員を常勤扱いにし、月給を支払っている国は稀有である。府県、市町村で差が大きいが、日本の地方議員に対する報酬はむしろ国際的には高い方に属する。現在の日本の報酬の出し方、その高さからみて、どうやら地方議員は、別に職業を持っていても有給の専門職（プロ）と見なされているようにみえる。

地方議員が自治体職員を兼ねるといった兼職や、自治体から請負をしたり、請負をする法人の役員をしてはならないといった兼業禁止の規定はあるが、特別なケースを除くと、その他の職業をもっていても構わないし、事実、民間会社の役員でもある議員は少なくない。また町村や小規模な市では専業農家として農業を営む者も少なくない。この場合は、どちらが本務か区別しにくい。最近の第31次地方制度調査会の答申では、サラリーマンが議員を兼務できる労働法制の整備や議員手当のあり方を検討すべきとして議員のなり手を増やす方向だが、もう少し実態に落とし込んで考えないと上滑りの議論になりかねない。

名古屋の乱とは

議員の報酬をめぐって、大きく世間を騒がせたのが、いわゆる「名古屋の乱」だ。2010年、名古屋市議会をめぐって議員報酬が高すぎる、議員数が多すぎると河村たかし名古屋市長が問題提起し、かみついた。

河村氏は市長選挙で市長給与の半減を掲げ、当選後にそれを実行しているが、併せて議員報酬、議員定数の半減も選挙公約に掲げていた。圧倒的な支持を得たその民意を根拠に報酬、定数の半減条例を提案して名古屋市議会と対立したのである。一度や二度ではなく、何度も半減条例を提案したが、毎回議会は圧倒的多数でその条例案を否決。こうした毎回否決する市議会を見て、河村氏は「集団的防衛権を発動する市議会」と喝破、市民に窮状を訴えた。そこで名古屋市民は署名活動を展開、直接請求によって市議会を解散するという事態に発展した。それが「名古屋の乱」である。

河村氏は自身の給与を市長選の公約に基づき、大幅減額の800万円にした。名古屋市議にもそれと同程度の水準、報酬の半減をするよう求めたのだ。「料亭で酒を飲まなくても、コンビニでいくらでも売っている。庶民はそうして生活している」「商売で1円儲けるのがどんなに大変なことか。行政は権力によって税金は集まるものと考え、カネの使い方が庶民感覚から大きくかけ離れている」というのが河村氏の言い分である。

当時の名古屋市の議員報酬は年額1713万円。これは諸外国の議員報酬とあまりに差が大きいと問題を提起した。例えば、名古屋市と人口数で似ているアメリカのシカゴ市では850万円、ヒューストン市は442万円、フィラデルフィア市は800万円、フランスのパリ市は600万円であり、名古屋市の場合、2倍以上の報酬額であるという訳だ。

ただ日本国内の100万都市の政令市間で比較すると、名古屋市が一番高い訳ではない(愛知県議でも、報酬年額は1514万円)。しかし、河村氏は日本の水準自体が異常ではないかと、国際比較を根拠に改革を迫ったのである。地方議員の一定割合は無報酬のボランティアでよいのではないか、とさえ言った。

市長に議員の報酬を上げたり下げたりする権限はない。議員報酬を定めている条例を改正しなければならない。その条例は議員立法として提案される場合もあるが、議会の空気として議員自身に不利益となる減額条例がまとまるとは考えにくい。

そこで河村市長サイドの議員報酬半減条例案が否決され続けることに対して、市民が立ち上がり、議会の解散を求める直接請求が成立し、名古屋市議会は解散したのである。「半減！」を公約に掲げた勢力が多数当選し、「名古屋市議会議員の報酬は８００万円」となっていく。

報酬は地域の上位20％程度が妥当

それから４年後、２０１５年４月の市議選で「半減」を主張した勢力は大幅に後退した。これを受けて揺り戻しの動きが出てきたのもまた事実。報酬を上げるのか、半減を維持するのかをめぐる最近の論争を、筆者なりに整理し紹介してみよう。

第１の問題。「市議会議員報酬８００万円を恒久化するのか、その場合の根拠は何か？」

市議会議員報酬８００万円は、名古屋市民の民意だ。市議報酬８００万円を掲げて、市議会解散の住民投票が成立したという事実を忘れてはならない。また、市長給与の８００万円にも準拠するものであった。市長は元々の市長給与２７５０万円を８００万円に減らす決断をした。同じ公選職の議員も準ずるべきだという考え方で、解散後の選挙で河村氏率いる減税日本が躍進した。世の中、大学を出て60歳で一定の地位に就いていても年間の平均給与は800万円程度が多いのではないか。

第2の問題。「河村市長が辞めた後、市議会は元の1713万円に戻すのではないか？」市議会議員の報酬は民意、すなわち名古屋市民が決めること。選挙で選ばれた市議が議員報酬を自身で決めてしまうことは「お手盛り」になる。「欲」も出る。しかも、高い報酬だと、議員の地位にしがみつく、「議員の家業化」も増える。

選挙で選ばれた議員の報酬は、選んだ市民自らが決めるべき事項。最近の厚労省の世帯所得の調査（2014年）をみても、1600万円以上は2・6％程度、800万円以上でも20・0％に過ぎない。元の1713万円に戻すというのは、税金から支払われる市議の報酬が「2％の金持ち集団」に入ることを意味する。そうあっていいはずがない。ニューヨーク市議の考え方のように、勤労者平均所得上位2割程度の報酬額が望ましいとするなら、現在の800万円は妥当なのかもしれない。

仮にそれを変更するのなら、少なくともリコールの洗礼を受けた名古屋市議の報酬は、住民投票にかけるべきで、その条例案を議会に提出したらどうか。

報酬は議席の数で決まる？

この論争は、結構、的を射たものではなかろうか。というのも、日本ではここまで突き詰めて地域の議員報酬のあり方を議論したことはないからだ。地方議員は非常勤のパートタイム型にもかかわらず、フルタイムで働いているのと同程度の報酬額が支払われている。世界一高い議員報酬という批判もある。繰り返すがニューヨークの市議の例では、政治リーダーに敬意を表す意味から、ニューヨークの従業員の上位20％の平均年収を報酬にすべきだとしている。こうした理屈の上に、日本各地で地域の相場の上位20％の平均年収を報酬にすべきだとしてみたら、どうか。名古屋の場合、８００万円が妥当な額、１０００万円では高すぎると見られるがどうだろう。市民は賛成するだろうが、市議はどうか。

名古屋市議会では２０１５年の選挙で自民、民主、公明３会派で50議席と半数を上回り、半減されている報酬（８００万円）を１４６５万円へ上げる動きが強まっている。河村市長は「報酬をあげるなら議会に必要性の立証責任もあり」と迫るが、３会派の議決に市長が異を唱えても、再議決できる３分の２の勢力を占めている。報酬を決めるのは、議席の数なのか？　その論理からすると、多数決で値上げが決まる。

名古屋市の話を離れて言うが、選ばれて議員として仕事をする側に置き換えた場合、現在でも生活が苦しく、４年に一度の選挙のリスクも伴うので、現状の報酬を下げると「なり手がなくなる」と主張するかもしれない。どこで収めるのが望ましいのか、答えは簡単には出ない。他国と違い、会議の開催を含め議会活動が土日・夜間ではなく、昼間に設定されているところから、会社員等には、生活給まで保障しなければ議員はやれないというジレンマを抱えているところに、日本での地方議員の報酬問題の本質が隠されている。この構造的な解決策を持たずして単なる評論は望ましくない。

現在採用されている考え方は議員報酬は労働報酬だということ。しかし単価としては、それは高すぎる。仮に労働報酬に加え、給与のように生活給まで加えてみるべきだと変えるなら、それは報酬ではなく給与になる。だとしたら、兼職を認めた非常勤特別職であるという考え方を取り続けるのは難しい。

否、一定の地位なので身分報酬と考えるべきだという考え方もあるかもしれない。だとしたら、その身分とは何なのか。文化功労者には終身、年間350万円の特別年金が支給されるという特別身分の扱いがなされているが、それに準ずるのか。

この辺が全く整理されないまま、高い、安いの論争がくり返されているのが日本の現状である。少なくも、欧米のように「議員手当」という実費弁償の発想は日本にはない。それでよいのか。世界の標準的な議員の考え方と、日本の特権的な議員の考え方には大きなズレがある。いずれにせよ、掘り下げた議論が必要である。少なくも会社勤務など定職を持ちながら議員を兼務できるように制度改正をしたら、議員手当で済むのではないか。住民から見ても人件費は圧縮できるし、議員から見ても生活給は定職で賄われるので、議員手当で十分という話になろう。

こうした基本的な改革方途が議論されないまま、双方に不満の残っているのが日本の議員報酬である。そろそろこの辺で、金額だけでなく、「議員報酬」の性格についてもしっかり議論し、住民目線で納得のいく改革方策を講じたらどうか。

国会議員と地方議員との比較

もう一つ、日本の地方議員の待遇は、どうも国会議員の待遇をモデルにしながら形成されてきているように思う。そこで国会議員と地方議員の対比表を掲げてみた。

非常勤の特別職にかかわらず地方議員にもボーナスが出る（月額報酬の3・5〜4・5ヵ月分）のは、なぜだろうか。立法事務費に類似する政務活動費も出ている、しかし使われ方は同じだろうか。現在は廃止されているが、少し前までは議員年金制度も国会議員と地方議員とに類似の制度があった。だんだん常勤の国会議員と非常勤の地方議員の待遇は、金額はともかく、扱われる項目は似てきていることが分かろう。

国会議員の給料は、国会法第35条で、「議員は、一般職の国家公務員の最高の給与額よ

地方議会議員

○議員報酬（平成20年4月1日・地方公務員の給与の実施（総務省））より
（議長及び副議長を除く議員1人当たりの平均月額）

・都道府県	80.5万円
・政令指定都市	84.2万円
・その他市	40.5万円
・特別区	60.9万円
・町村	21.0万円

○費用弁償
・職務を行うため要する費用の弁償

○期末手当
・平均月額報酬の3.5ヵ月〜4.5ヵ月

○政務活動費
・議会の議員の調査研究に資するため必要な経費の一部。会派又は議員に交付。

（資料）国会議員は2016年2月時点、筆者調べ。地方は第31次地方制度調査会資料

り少なくない歳費（給料）を受ける」と決められている。具体的には、一般議員で月額129万4000円。これにボーナスに当たる期末手当が581万6000円。これだけでざっと2134万円。プラスして、文書交通費の名目で月額100万円、さらに所属する会派（政党）には1人当たり月65万円の立法事務費なるものが支給される。また、これとは別にJR各社や航空会社の特殊乗車券が提供され（国費負担）、公務出張の場合、別途交通費等が支給される。

さらに、国会議員1人当たり、3人の公設秘書がつき、これも給料全額ざっと2000万円が税金で丸抱え。

よって国会議員1人に対し税金から支払

国会議員と地方議会議員の比較

国会議員

○歳費（月額）
・議長　　217万円
・副議長　　158.4万円
・議員　　129.4万円

○文書通信交通滞在費
・月額100万円

○期末手当
・月額歳費の4.5ヵ月

○立法事務費
・議員の立法に関する調査研究の推進に資するための必要な経費の一部。会派に交付（1人あたり65万円）。

○その他、派遣旅費・議会雑費・特殊乗車券・弔慰金・特別弔慰金支給。

われる額は実に年間約６４００万円にのぼる。イギリスの場合、スタッフ経費や事務所経費を加えても一人当たり約３４００万円で、日本の半分相当だ。

日本は衆参両院議員７１７名なので年間約４３７億円となる。これには大臣、議長等の役職加算、役職者に提供される運転手付き自動車の費用は一切含まれていない。

日本の議員は世界一!?

海外の国会議員と比較すると、日本の厚遇ぶりが分かる。

日本の国会議員の約２１３４万円に対し、アメリカは約１５７０万円、イギリスは約９７０万円、ドイツは約１１３０万円、カナダは約１２６０万円、韓国は約

海外の地方議員の報酬

<table>
<tr><th colspan="3">アメリカ</th><th colspan="3">ドイツ</th><th colspan="2">スイス</th></tr>
<tr><td colspan="3">連邦制</td><td colspan="3">連邦制</td><td colspan="2">連邦制</td></tr>
<tr><td>州</td><td>郡</td><td>自治体等</td><td>州</td><td>郡</td><td>基礎自治体</td><td>州</td><td>市町村</td></tr>
<tr><td>400万円</td><td colspan="2">100万人以上：950万円
それ以外：50万円</td><td>620万円</td><td colspan="2">50万円程度</td><td colspan="2">ほとんど無報酬</td></tr>
</table>

<table>
<tr><th colspan="2">イギリス</th><th colspan="3">フランス</th><th colspan="2">韓国</th></tr>
<tr><td colspan="2">国家主導</td><td colspan="3">国家主導</td><td colspan="2">国家主導</td></tr>
<tr><td>県</td><td>市町村</td><td>州</td><td>件</td><td>基礎自治体</td><td>広域自治体</td><td>基礎自治体</td></tr>
<tr><td colspan="2">73万円</td><td colspan="2">数十万円</td><td>ほとんど無報酬</td><td>350万円</td><td>210万円</td></tr>
</table>

（資料）構想日本の作成資料。比較地方自治研究会「欧米における地方議会の制度と運用」「ヨーロッパ各国の地方自治制度」「英国における地方議員と地方行政」「ドイツ地方行政の概要」「大韓民国地方行政の概要」「スイスの連邦制度と地方自治のあらまし」、総務省「諸外国の議員定数・報酬」、「The Book of the States 2005」、「Tabulated Data on City Governments」、伊東弘文「ドイツの自治体議会」をもとに構想日本が作成

８００万円となっており、総じて年間１０００万円近く高いのが日本である。

地方議員についても、表を見ればわかる通り、アメリカの州議員で年間約４００万円、１００万人以上都市で約９５０万円、それ以外は約50万円、ドイツで州議員が約６２０万円、それ以外は約50万円、イギリスで約73万円（実費弁償）。ちなみに日本は県議で約１２８０万円。

欧米諸国でも、地方議員は日本と同様、立法権と予算の決定権を持っており、自治体の団体としての決定者の役割を担っている。ただ、決定的な違いは、第一に議会は夜間や休日に開かれることが多く、第二に待遇は原則ボランティアで議会に出席するたびに実費弁償が支給されることが多いという点である（議員報酬という考えではなく、議員手当という考え方）。

諸外国の例を見ると、現在でも地方議員は名誉職であるとし、無報酬を原則としているところも少なくない。アメリカ、ドイツ、韓国などは州や広域自治体は有給だが、アメリカでも100万規模の大都市を除くと、多くの市町村は交通費や日当程度の実費弁償となっている。

政活費の支給額を削減するのが「改革」ではない

地方議員の報酬が海外の水準に比べて高いこと、適正額は、特に大都市周辺では現状の半分程度でもよさそうなことを指摘してきた。ここで、第1章でふれた千代田区議会の報酬と政務活動費をめぐる動きを思い出していただきたい。

政務活動費の不透明な使い道をめぐる不祥事があとを絶たないことを大義名分に、政務活動費を報酬にいわば「付け替える」ことで、実質の議員報酬を増やしてしまおうという千代田区議たちの計略である。名古屋市議のケースもそうだが、市民が監視を怠ると地方議員たちは自身の待遇改善に「一致団結」してしまう。

地方議員の「カネ」、特に政務活動費はどのように改革していくべきなのだろうか？

千代田区議会のような姑息《こそく》な事例を目の当たりにすると、政務活動費を削減するとか廃止するのが解決方法だとする意見が一人歩きしがちである。だが、そうではない。一般の市町村の年間10万円とか20万円という支給額では、東京や地方都市の議員セミナーに一度行けば、消えてしまう。これで議員の政策活動や立法の質が上がるとは考えにくい。

極端に支給額の多い大都市や府県の議会はともかく、多くの市町村の政務活動費は非常に少ない。今後、市町村の政務調査活動はより重要になる。むしろ増額し充実すべきではないか。

当面の改革は以下のことが考えられるが、近いうちに本来の政策・立法費に絞り込む必要があるのではないか。この改革は一般の有権者の目線に委ねることを筆者は強く主張したい。次の要件を満たす政務活動費の支出基準をつくったらどうか。

①住民、納税者の常識と政務活動の支出基準を合わせること（議員の非常識を排斥）。
②税金を使ってこの年はどんな成果を挙げたのか、明示すること（条例提案数とか）。
③支出窓口は会派、議員に任せず事務局で一本化し、第三者の監査を義務付けること。
④ある程度の規模の議会は、政務活動費の半分を共同支出し、「法制局」をつくる。

総じていうなら、筆者は、政務活動費については使い道と成果をオープンにする方向で支給額を増やす改革が望ましいのではないかと考えている。月額10万～20万円の支給が市町村の常識となる。ただ、その使途は④の地域版法制局の活動（後ほど詳述）に半分振り分け、残る半分の使い道をもともとの政務調査活動に戻し、しかも使った成果をなるべく明らかにする方策を講ずる。グループ研究による政策発表でもよいし、条例の提案でもよい。あるいは現地調査の費用に充て、その成果を自分の自治体の問題解決に結びつける。

海外視察——透明性を高めよ

わかりやすいのが海外視察だ。

海外の諸都市を訪問し、地方議会を傍聴することも、現地で議員らの話を聞いたり意見交換をすることも、本来大いにやるべきことである。グローバル化の進行は地域の隅々にまで及ぶ。地方議員は自分の地域、自分の国内にしか目を向けてはならない、そんな鎖国的な発想の時代ではない。ただ、これまでの議員の海外視察、調査は評判が悪い。観光旅行、物見遊山《ものみゆさん》に毛の生えた程度のモノが多く、視察報告書を他に委託してつくるなど、虚偽のものなどもあった。だから、廃止ないし減らせとなって、それに反論できる力がない。

そうではなかろう。当たり前のことだが、公私の区別をはっきりとし、観光部分については私費投入で賄うという分別をしっかりつければよい。議員が特別な身分にある人という発想はとらないこと。住民の代表として、住民に代わって海外視察をし、調査をしているという視点を明確にした上で、住民目線でのカネの使い方をわきまえるなら、海外視察や交流は政策活動に大いに役立つし奨励すべきことである。

第三者の監視機関が必要

いろいろ述べたが、議会という政治機関を隠れ蓑にして、不正な、不当なカネの使い方、不明朗な議員活動が行われてはならない。議員活動に伴う費用支出については、監査や会計検査の第三者機関をしっかりおいて、議会自身のガバナンス（内部統治）を高めていくこと。そうするなら政務活動費について現在起こっている問題は次第に解消して行こう。そうした改革努力を怠るべきではない。

総じて現在、「地方議員の値《ね》」が下がっている（国会議員もだが）。その自覚を全地方議員、地方の首長が共有すべきである。その前提に立って、こうした状況を変えるにはどうしたらよいかだ。オレは別だなどと考えないで、議会制度、公選議員制度が窮地に立っている、日本の地方政治が危機にあるという自覚を持って改革へ走るべきだ。大衆に対し、公選議員は政治エリートだ。その強い自覚の上に住民代表として襟を正すところから政治の信頼を取り戻すべきである。

カネの使い方について住民も納得できるように、インプット、アウトプットをはっきりすることだ。古《いにしえ》からの悪しき慣行かもしれないが、宴会に公費を投入するという考え方自体、おかしい。普通の人たちのように会費制（割り勘）で行えばよいだけではないか。議員は特権的身分にある人ではない。

第4章　地方議員と選挙

戦前と戦後の地方議員

　戦前の議員は、いわゆる名望家の集まりであった。多額納税者のみが有権者であったこともあり、市会、町会、村会に集う議員は金持ちであり、多くが地主であったことから、戦前の地方自治を「地主自治」と呼ぶこともあるくらいだ。報酬は無報酬。ボランティアとは言わないが、議員は地域の顔役として君臨し、とくに見返りとしての報酬を期待した訳ではない。執行機関に関しても多額納税者が町村の「収入役」に就くケースが多かった。いわゆる寄付によって町村のインフラ整備（道路、橋、防風林）などに貢献していた。

　だが、戦後の地方自治はそうした仕組みにはない。もちろん金持ちが議員になることを否定しているわけではないが、特定の名望家や専門家を「選挙なし」で任命することも、世襲制や多額納税者を議員として処遇する制度も認めていない。選挙制度も有権者は男子25歳以上で、多額納税者に限られた戦前とは違い、18歳以上の男女に選挙権を認め、25歳以上であれば誰でも市区町村や都道府県の議員選挙、首長選挙に立候補できる。知事は30歳以上となっているが、いずれ法のルールに沿って、首長も議員も4年ごとに選挙される。この点だけを捉えるなら、フェアな制度といえよう。

しかし、いろいろ問題もある。例えば、①議員数が多い、②報酬が高い、③条例提案が少ない、④議員構成が中高年に偏っている、⑤女性議員が少ない、⑥サラリーマンを排除している、⑦民意からズレている、といった批判が強い。最近はこれに加え、⑧なり手がないという問題がクローズアップされてきた。

議員の数の決め方

地方議員の選挙制度を考えるとき、一つの重要な論点は、そもそもそれぞれの地域の議員数は何名が望ましいかという点だ。この議員定数問題こそ、議会構成の基本的な問題である。

これまで地方議会の定数は長い間、人口区分に応じて法定されてきた。その後、1999年より上限を法定するしくみに変わっていたが、実際は法定上限ギリギリまでの数を確保する議会が多かった。ただ、2011年からその上限定数を法定する制度も廃止されている。ここに定数問題を根底から議論しなければならない背景がある。しかも、最近の無投票当選が多い実態から、定数自体が多いから無投票になると指摘する世論もある。定数が多いから無競争になるというのは、実態としてなり手（適材）不足をその背後に持っていると考えられる。もっとも、この先、地方議会に対する魅力が下がり、地方議員の役割、処遇などに魅力がなくなるとすれば、何名に設定しても無競争状態が生まれる可能性を否定はできまい。

議員は何名が望ましいかという問題は、衆議院、参議院の国政選挙でも問われている。ただ、国政の場合、無投票当選の議論ではなく、「1票の格差是正」の議論が中心をなしている。もとより1票の格差是正も、2倍以下なら問題なしという「格差は小さいほど望ましい」とする視点からだけで進められると、その地域を代表する議員は何名が望ましいという視点が欠落し、単純に人口集中地区を代表する議員数が多いことになってしまう。人口と空間としての地域の両方を代表する議員数はどれぐらいが望ましいか、その根本から議論しないと「小手先の議論」に終わってしまう。

議員数の削減となると、現職議員にとっては死活問題になる。法律や条例の改正によって議員数を削減しなければならない仕組みの中で、削減に議員が心理的な抵抗感を持つことは確かで、議会（国会も含め）で大幅な削減はなかなか行われないのが実際だ。地方議会でも、上限定数があった時でも、減らしても上限30名の1割、3名減の27名といった具合に止まるところが多かった。議員の定数削減は、任期途中で行うことはできず、かりに削減条例によって定数を削減しても、その効果は次に行われる一般選挙から生ずる。議会は「数の戦い」という面があるので、定数が政争の具にならないよう工夫された結果ではあるが、時代の流れと議員定数がずれていく可能性を否定できない。とくに人口減の強まる今後、地域の議員定数問題は大きな争点となってこよう。人口減と定数減をリセットできる仕組みはないだろうか。

地方議員数を約15年間の実数の推移でみると、総数は１９９８年には６万３１４０名であったが、現在は３万４３３８名（２０１４年）と半減している。

ただその内訳をみると、都道府県か市町村かでは大きく違う。変化が少ないのは都道府県議員で２８３７名が16年間で２６１３名と微減した程度。ところが、平成の大合併が行われた市町村では減り方が大きく、特に町村では合併の始まる前の１９９８年は４万０５５９人であったが、合併後は町村数が激減したことを受けて、３割以下の１万１２４９人まで激減している（２０１４年）。逆に市区では、合併で市が増えたことも影響し、ひと時、合併特別措置で２万４０００名を超えたこともあるが、現在は１万９５７５名となっている。町村が市になった際、議員在任特例で身分を市議に２年以内の範囲で切り替えたことなどが一時増えた理由だ。

条例定数制度

戦後長らく法律によって定数を決めていたが（法定定数）、この法律の考え方は、住民の数を基礎に議員定数をはじき出すもので、定数の規模は人口規模に比例しているべきだという考え方からなる。しかし、なぜ都道府県の最小単位が40名で、市が30名、町村が12名で、順に、一定の刻みで増やしていき、そして上限を設けられるのか。「一定の刻み」という場合、なぜ市町村の場合は例えば４名刻みの増加なのか、その理由は釈然としなかった。

歴史的沿革からしても、議員数の設定は難しい。日本の場合、現在の議員数の根拠も歴史的理由以外に見出すことはむずかしそうだ。前に述べたように都道府県、市町村のいずれもがプロシア（ドイツ）の議員定数を参考に始まっている。

日本の地方議会の議員定数は、１８８８（明治21）年の市制・町村制の制定に始まり、戦後、それに数次の改正を加えてきた。１８８８年当時、人口規模の割に比較的議員が多かったプロシアの地方制度を参考にしたとされる。当時の市制では、５万人未満は30名、5万～10万人は36名、10万～20万人は５万人を加えるごとに３名増やし、20万人以上は10万人を加えるごとに３名増やし、市の上限を60名とした。

町村制では、１５００人未満は８名、１５００～５０００人は12名、５０００～１万人は18名、1万〜2万人は24名、2万人以上は30名としていた。

府県会ではどうかというと、1891年の府会議員定数規則で、人口70万人未満は30名、70万〜100万人は5万人を加えるごとに1名増やす、100万人以上は7万人を加えるごとに1名増やすという計算で、上限はなかった。しかし、1943年に90名（都は100名）の上限が定められ、戦後、1946年には人口70万人未満が40名に、また上限は100名（都は120名）となった。その後2003年まで、二度だけ都についての規定が変わった以外、変化がなかった。

その間、自治体の中には減数条例を定めて自主的に定数を減らしてきた議会もあったが、多くは「法律で定められている」を理由に法定定数どおりの議員数を維持してきた。

これを法定定数ではなく、上限定数に変えたのが1999年からである。上限の範囲内で各自治体が条例で定数を定めるという考え方への転換で、これを「法定定数制度」から「条例定数制度」への転換と呼んだ。

これにより、各自治体は議員数を独自に設定できるようになったわけだが、実際は上限を法定数であるように理解し、上限めいっぱいの定数を条例で定めるところが多かった。

これでは、条例定数制度に変えたといっても、上限数を法律で定めている以上、上限が法的効果を持ち、事実上、法定定数制度と変わらなくなってしまう。上限は、この間の各自治体の議員数の削減実態を踏まえながら決めたとされるが、確たる根拠は見当たらない。ある意味、100年以上前の市会制・町村会制、府県会制を出発点とする歴史的な形成に依拠する部分が大きいといわざるをえない。

それが、第29次地方制度調査会で、地方分権、地域主権の考え方に沿って、各自治体の条例に委ねる制度に変えるべきとし、大きく転換する。上限すら法律で定めるべきではないとし、地方議員の数を人口比に応じて法定する制度の全廃に踏み切った。2011年改革がそれだ。理屈としては議員がどれぐらい必要かは各自治体の判断に任せるという、地方分権時代にふさわしい本格的な条例制定主義に変えたわけである。ただ、これで現場は混乱しないかどうか。そもそも人口の何人を代表するのが望ましいのか、議員数の制定根拠がいま初めて本格的に問われている。

常任委員会の構成数で決めるのはどうか

筆者も明確な答えを持っている訳ではない。ただ、議員数は一定数ないとフォーラム（議会）にならないので、例えば常任委員会を3つ置く必要があるなら7名×3委員会で21名の議員定数がわが自治体には必要というふうに考えてみたらどうか（あるいは規模の小さな自治体では5名×3委員会＝15名といった具合）。しかし、そんな委員会の数など住民には関心がないと言われるかもしれない。とはいえ、議会というのは討論によって結論を出す組織なので、組織メンバーは一定数必要である。

世論としては、議員の数が多い、もっと減らせという声が強い。2015年の統一地方選で無投票当選が町村や道府県で2割を超えたことを受け（町村議21・8％、都道府県議21・9％）、「議員定数が多いから、無投票になる。もっと大幅に減らしたらどうか」と選挙の実態に定数を合わせろという声が少なからず出ている。

減らすのはひとつの考え方だが、しかし、議員数をただ減らせばよいという話ではなかろう。考えなければならないのは、一体どれぐらいの議員数がその地域にふさわしいかという点だ。2011年前まで続いた上限定数も、それはあくまでも上限に過ぎなかった。例えば、1万～2万人の町村は22名で、住民700～800人で1名の議員を選ぶという勘定になっている。5万～10万人の市で30名、住民2000～3000人で1名を選ぶ、30万～50万人の市では46名、住民7000～8000人で1名を選ぶという形で、人口規模が大きくなれば議員数が増える形となっていた。

しかし、これまでの上限定数を定めた数字からは、議員は一体何人の住民を代表するのが望ましいかを読み取ることはできない。こうした定数の決め方自体、歴史的な経緯でこうなったという以外に、特別な根拠はないといえよう。

海外の市町村議員数との比較

ボランティア的な発想で議員報酬などはなく出席手当で処理している諸外国の議会と、日本の地方議会を比較するのは、文化が違いすぎるため意味がないと言われそうだが、しかし議席数がどうなっているかをみることは参考になる。

フランス、イタリア、スウェーデン、ドイツと日本の人口段階別の議員数を比較してみる。例えば人口２０００人の町村でいうと、スウェーデンを除くと、10〜19議席前後で日本とそう大差ない。５万〜10万人になると、日本、イタリアは30議席だが、ドイツが40議席、フランスが45議席以上となり、スウェーデンは61議席以上となっている。

これが30万都市だと、日本、イタリア、ドイツが46〜48議席で似ているが、フランスは70議席近く、スウェーデンは１００議席を超える。戦前の日本の町村会の議席はプロシア（ドイツ）を参考に決めたと述べたが、確かに現在でもドイツと日本は似ている。ただ、議員報酬をみると違う。日本の場合、町村は概ね月額20万円の報酬を支払っているが、ドイツの場合、地方自治法で地方議員は「名誉職」と規定されており、少額の報酬（月額）と出席手当が支給されるのみとされている。

もし7万〜8万人の市で少数精鋭でいくというなら、これまで法定数の上限30名の定数を使ってきた日本の自治体でも、20名に減らすことは可能である。実際、アメリカではこの規模の市は5～6名の議員でやっている。イギリスでは100名近くいるが、議会は土日、夜間に行い、しかも報酬は無報酬となっている。

もしアメリカ型に近づけるなら、大幅に議員数を削減し待遇の改善を図る方途もあろう。そうではなくイギリス型に近づけるなら、議員数を増やし、報酬を下げる、といった選択も考えられる。いずれのタイプを採用するのか、第3の選択肢も含め、そこには議員数に対する地域住民の哲学が必要ではないか。

日本の特殊性でいえば、市町村は平成の大合併で市町村数が半減した一方で、市町村の面積が2倍、3倍、あるいは10倍と拡大した地域がある。広域合併をした地域は、地域の声を議会に反映する観点からいうと、上限定数時代に例えば10万人市で30名以内と定められていたとしても、7～8市町村が合併し、10万人市になったとしたら、30名以内に限定する意味はあまりなかろう。市域が10倍近くに拡大しているなら、旧市町村単位でみてそれぞれ4、5名は代表が出るべきと考えて議員数を40名にしてもおかしくない。

ただ、住民感情からすると、合併によって議員に対する人件費負担が極端に増えるという話は理解しにくかろう。もし多めの議員数を設定するなら、1人当たり報酬額を一定割合で減らすという措置を講ずる必要があるかもしれない。要は住民が納得できる議員数と報酬額であるかどうか、基本的に議会には住民に対する説明責任があると言える。

無投票当選を根絶する改革を

地方議員自身が定数を一度見直しつつ、報酬についても議論し直すことが必要だということは理解いただけただろう。並行して考えなければならないのが、選挙での無投票当選をなくすための地方議員、議会の改革ではないか。

念のため確認すると、2015年の第18回統一地方選挙全体の無投票当選率は議員選に限ってみても戦後一番多く、町村議員選で21・8%、道府県議選でも21・9%もある。さらに町村長選では約4割が無投票当選となっている。市議選でも3・6%、政令市議員選で1・7%である。

投票率の低下と無投票当選の急増、さらに事実上競争のない無風選挙の蔓延は相互に連関している。このまま制度改革をせずに放置すれば、今後人口減少とも連動し、ますます無投票当選が増え、政治的正当性なき議会が誕生し、地方民主主義の空洞化が進行する。

無投票当選の問題は、①〝当選〟の事実に政治的正当性を認められない、②有権者の政策選択の機会を奪う、という点にある。

1票も得ていないゼロ票議員、もし集団としての議会全体が無投票当選の議員集団だとすれば、ゼロ票議会と呼ぶことができる。ゼロ票議員、ゼロ票議会は住民を代表しているのか、という点が論点になる。

無投票当選がありうるという制度自体が、「投票箱マジック論」(投票箱をくぐって民の声が天の声になる)からすると、おかしなことになる。投票箱を一票もくぐっていないからだ。百歩譲って、仮に無投票当選がありうる制度を容認したとして、果たして当選者に実質において政治的正当性(免許状)はあるのか、という疑問は払拭できない。

有権者からすると、公共の意思決定をする免許状を与えた覚えのない人物が代表という「仮面」をつけて4年間活動することになるからだ。まず、選挙管理上の便宜措置といわず、無投票当選という当選制度を廃止してみたらどうか。

地方議員のなり手をふやすには

地方議員に立候補しようとする人を増やすのは簡単ではないだろう。なり手不足の背景にはおもに次の4点が考えられる。

① この20年間、経済の実質成長率ゼロのなか、税収も伸びず、政策をめぐる裁量の余地が極めて少なくなり、議員の活躍の場の喪失感が増大している。

② 若年、中年層を中心に職業の安定志向が強まり、あえて4年ごとにリスクを負う政治

家（議員）に挑戦しようという気概がなくなってきている。

③議員に選抜される母集団が構造的に小さい。サラリーマン社会にもかかわらず、サラリーマンが議員職を兼ねることができず、勢い自営業者か無職者のみの戦いになっている。事実上、8割近くを占めるサラリーマンが公選職につくことを排除している。

④報酬の削減が続き、経済的な魅力に欠け、また相次ぐ定数削減で新人の出る余地が狭まり、現職優先、現職の議席既得権化が進み、新人の当選可能性が低下している。

しからば、今後どうしたらよいかだ。

議員のなり手不足は今後深刻化しよう。相当大ぶりの抜本的な選挙制度の改革でもしない限り、競争率が上がり、無投票当選がなくなり、女性議員や若手議員が増えるということはなかろう。ではどのような方策があるか？

第1に、基礎自治体の議会に、土日・夜間開催を法的に義務付けてはどうか。

そして民間会社等に勤めながら議員を兼職できる「公職有給休暇制度」を創設することだ。これでサラリーマンなどの勤労者が議員を兼ねることができ、立候補者の母集団も飛躍的に拡大できる。世の批判にある「報酬が高い」という点も兼職が一般化することで議員手当、実費弁償に変わり、大きく改善される。議員コストが大幅に下がる。

第2に、そのうえで、極端に高齢層、男性層に偏っている現状を変えるには、定数の中に年齢枠と女性枠を設けること。立候補自由の原則に反するとの意見もあろうが、「議会は民意を鏡のように反映する」ことが望ましい政治機関なので、例えば20〜40歳代が4割、50〜70歳代が4割、残る2割は年齢枠外のその他自由とすればよい。いわゆる年齢別クオータ制度の導入だが、それに加え、女性が当選できるよう性別クオータ制度を入れ、30％を女性枠とし、将来これを40％、50％へと拡大していったらどうか。

第3に、大都市、府県議会など広域で議員数も多い自治体の場合、議員を2種類に分ける考え方も（事実上二院制）ある。少数の常勤の「参事議員」と、多数の非常勤の「一般議員」に分けて選ぶ。一般議員は専門性を持つ参事議員が決めた内容を市民感覚で議論し、修正する。参事議員の集まりである参事議会はウイークデー開催でも構わないが、一般議員で構成される一般議会は土日・夜間開催とする。カナダの場合、この参事議員から部局長を選ぶ仕組みだが、日本の場合、そこまではともかく、審議の質を上げる方法として採用する。

以上のような改革案が考えられるが、いずれもこれには法整備が必要となる。

サラリーマン議員

地方議員選挙、地方議会活性化の最大のポイントは、何といっても就業人口の8割近くを占めるサラリーマンが議席を持って議会活動をする仕組みに変えることができるかどうかだ。会社員の労働法制を変えること（公職有給休暇制度）や、議会開催の時間帯を夕方の「5時から議会」に変えるなどの改革が求められている。

現在のところ、一般サラリーマンは事実上、立候補戦線から排除されている。会社勤めをしながら選挙に出る、当選後、議員を兼ねながら会社員を続ける。こうしたことができない仕組みになっている。

第31次地方制度調査会の最終答申の中に、「例えば、立候補に伴う休暇を保障する制度や休職・復職制度等の導入については、勤労者等の立候補や議員活動を容易にするための環境整備を進める観点から有効な方策の一つと考えられることから、企業をはじめとする関係者の負担等の課題も含めた労働法制のあり方にも留意して検討する必要があるのではないか」という指摘がある（２０１６年2月29日）。その中で、さらに「公務員の立候補制限の緩和や地方議会の議員との兼職禁止の緩和についても、多様な人材が議員として議会に参画する上で有効の方策の一つと考えられる」と述べている。

こうした指摘が現に立法措置の形で日の目を見ることを期待したい。

5時から議会

2015年4月の統一地方選。東京の千代田区議選で、地方議会を変える国民会議「土日・夜間議会」(民間有識者で構成された団体。筆者も発起人)が、「仕事を持った、普通の人が議会に出られるよう、土日や夜間に議会を開く制度に変えるべきだ」と訴え、候補者を3人擁立《ようりつ》した。候補者3人の得票合計は935票、民主党の760票を上回った。ただ、最高点の候補者(若手弁護士)も最下位当選者と36票差があり、敗れた。同団体は「予想以上に手応えあり」とし、今後、市区町村の選挙を中心に選挙に挑む構えだ。

本書でも繰り返し述べているように、2015年4月の統一選では、首長選だけでなく議員選でも無投票が過去最高水準になった。当選者は議員専業と自営業が大半で、ふつうの会社員はいない。会社員が出馬しづらい状況は以前から全く変わっていない。

筆者が、土日・夜間開催の議会制度を「5時から議会」と呼ぶのは、よく会社でも役所でも仕事の終わる5時から元気になるユニークな人がいるものだが、それにひっかけてのネーミング。もとより、これを実現するためには会社員の労働法制の整備が例えば以下のように必要となる。

① 会社に勤めながら議員を兼職できる労働法制としての有給休暇制度を創設する。

② 会社員議員がいる会社には何らかの時間損失補償の意味からも奨励金を出す。そうし

このままでいいのか地方議会
土日・夜間
議会改革!
地方議会を変える
国民会議

た措置を行えば、議員に出やすい。

③大都市の議会は二院制とし、少数の常勤議員と多数の非常勤議員からなる新たな議会制度を構想する。少数の参事議員は常勤扱い、一般議員（会社員議員など）は非常勤扱いとする。

海外の地方議会に目を転ずれば、ある意味、「5時から議会」が世界の常識であることがわかる。例えばアメリカの市町村は土日・夜間開催が通例である。欧州でも夕方以降の時間を活用する自治体が広がり、交通費など実費弁償しか行われていないケースが多い。

地方議会を変える国民会議の発起人の一人、竹中平蔵氏は次のようなメッセージを述べている。「地方議会に関しては、専任の議会人＝議員をつくる必要があるかという問いかけが以前からあります。世界各国を見渡しても、地方議会は夜間開催や兼業議員がほとんどです。この動きに賛同していただけるよう、党派を超えて呼びかけていきます。また企業経営者の方々にも、従業員の議員兼業をぜひ奨励していただきたいと思います」

地方議会の改革プランについて、同国民会議は次のように提案している。

第1．「議会を土日・夜間開催にする」こと。

多くの国では、地方議会は夜間などに開催し、ふつうの市民が議員になることは当たり前です。

第2．「兼業議員を当たり前にする」こと。

お勤めしている人も退職せずに立候補できるよう会社の環境整備が必要です。

第3．「第1段階として報酬を半減する」こと。

多様な人たちに議会を開放し、第1段階として報酬を半減するとともに、仕事の成果に応じて増減する仕組みを導入することを提案します。

千代田区の区議選では議席を得ることはできなかったが、国民会議の事務局によると粘り強く、この先も運動を続けるという。

もちろん、現職の議員からは「議会活動は議場などでの会議に止まらない。議会の外でも、有権者の話を聞くなど、日常活動が忙しい。会社員との兼業など、そう簡単な話ではない」という声も聞く。それもまた事実だと思う。

だが、そこで話が終わっては改革は前に進まない。この先、人口減少は確実に進む。東京一極集中の加速で、若者が大都市に流出する地方都市や農村も少なくない。このままでは、議員のなり手が減り続けることは確実だ。特効薬はないとはいえ、旧態依然としたまま、「なり手不足」を嘆いているだけでは解決にはならない。日本の市区町村は、新たな議会制度の構築に向け、果敢に改革へ挑戦をする時である。実践してみて、修正すべきところは修正する。実践しながらバージョンアップすればよい。

クオータ制度の導入

生活者の半分以上が女性なのに、日本では女性の議員が極端に少ないことは前述した。地方議員の男女比を見てみよう。ほんの少しずつだが女性議員の割合は増えている。約40年前は各議会とも1〜2％に過ぎなかったものが、現在は特別区議会で26・2％、地方議員の全体でみると11・7％となっている。それでも10人に1人しかいない。

これを変えるには、一定割合を選挙段階で女性枠として充てるしかなかろう。

海外でよく取られるのが、クオータ制度だ。クオータ（quota）は、「割り当て」を意味する。これにも大きく二つの方法がある。ひとつは議席そのものを一定比率で割り当てる方法、もうひとつは選挙の候補者擁立の段階で割り当てる方法である（三浦まり「女性議員増へ『クオータ制』導入を」（2014年8月4日『47行政ジャーナル』参照）。

前者の「議席割り当て」は人権に関わるとして、憲法で規制されている国が多い。一方、後者の「候補者割当」については法律で定める「法的クオータ」と、各政党が党規則で決める「政党クオータ」とがある。先進諸国では一般に政党クオータが多い。最近は法的クオータがヨーロッパに広まり、フランス、ベルギー、スペイン、ポーランドなどで実施されている。

どう割り当てるかはむずかしい。女性のみに一定比率を割り当てる場合と、男女両性に対して規定を置く場合とがある。このクオータは男性差別だと言われることもあるが、例えば男女ともに40％を下回ってはならないとか、女性だけでなく男性にも同じ規定を当てはめれば、そうした批判は当たらなくなろう。実際クオータ制を採用している国では女性への配分比率が30～50％という国が多いようだ。ただ、日本で一気にそうした比率にするのは難しかろう。手始めに、各レベルの議会で20％を当面の目標に設定し(特別区はすでに突破しているが)、うまく行くなら30％へ徐々に上げていくのが自然かもしれない。

政治に関わるのは「男の仕事」といった、政治文化が依然として存在する。しかし生活者の半分以上は女性であることを考えると、特に基礎自治体である市区町村の場合、クオータ制度の導入は議会改革の重要な課題と言えよう。

議員活動の実像

ここまで地方議員の選挙制度の改革や「カネ」をめぐる改革案について述べてきたが、すぐに全国の自治体でこの種の改革が始まるとは、残念ながら筆者も思っていない。国の法改正も遅々とするかもしれない。名古屋や大阪のような「剛腕」首長をもってしても、「守旧派」の地方議会を変えることは簡単にはできていない。

では今の状況において、志ある「普通の人」が地方議員になることは現実的に難しいのかどうか。この章の最後に少し考えてみたい。

まず、兼業兼職の認められている議員が当選後、議員の活動以外の仕事に割《さ》く時間はどれぐらいあるか。興味深いアンケート結果があるので紹介しよう。埼玉県内の市議について、筆者の研究室に所属していた院生が調査したところによると、表のようになっている。

議員以外の仕事に半分近くを割く議員が30％超。2割から3割を割く議員が45％超いるのが実態だ。この表の「そ

議員以外の仕事に使う時間

区分	人	比率(%)
70%くらい	4人	3.4
50%くらい	38人	32.2
40%くらい	8人	6.8
30%くらい	28人	23.7
20%くらい	27人	22.9
その他	13人	11.0
計	118人	100.0

（資料）緑川輝彦『地方議会の研究』（アサヒ印刷　2005年）

市区			都道府県
40万人～50万人	50万人～	政令都市	
40.7	47.1	61.5	58.2
10,840	12,966	22,033	39,561
96.4	101.9	114.4	115.3
162.7	145.7	271.1	212.8
9.7	12.1	13.3	10.3

（資料）第31次地方制度調査会資料

の他」は専業化を指しているが、たった11％に止まる。もとより、議員活動以外の仕事に30％以下しか割いていない層は専業意識を持つ議員であるとすると、概ね6割近くになる。議員の職に就いた以上、6割近くが議員活動に専念すべきだと考えているとみてよかろう。公明党や共産党の議員になると、この率は上がる。

議員は忙しいか

地方議員は「暇」か。そう見える人もいるのは事実だが、他方では忙しく活動している人もいる。

本会議、委員会など正規の議会活動だけでなく、陳情、請願の受付とその処理、地元や関連業界の集会などでの演説、挨拶、イベントや各種会合、後援会回り、系列党派の集まりなどへの出席など、忙しい毎日を過ごしている人も多い。

また他の職業をもっている場合もあり、それも忙しい。4年に一度、自分の選挙があるし、他の選挙の応援もある。県議なら国会議員、市町村議、市議

地方議会の運営の実態

	町村	市区				
人口分布（人）		～5万人	5万人～10万人	10万人～20万人	20万人～30万人	30万人～40万人
平均議員定数（人）	12.5	18.3	22.1	26.9	32.5	37.6
議員一人当たり住民数（人）	996	1,887	3,159	5,221	7,621	9,096
年間平均会期日数（回/年）	47.5	77.8	86.7	93.7	91.5	88.5
年間平均議案件数（件/年）	96.1	119.8	128.3	140.6	160.4	184.8
平均委員会設置数（委員会）	6.1	7.5	7.7	8.6	9.4	8.9

なら県議、国会議員などの選挙応援が時期をずらしてやってくる。議員選挙だけでなく、自分の地元市町村の首長選、知事選になると、支持候補が勝つか負けるかで与野党の立ち位置が変わるとばかり、選挙応援に走り回る議員。もっとも選挙、選挙で忙しい議員、ここからは改革派議員のイメージは生まれてこないが。

地方議員は地方議会で行う活動が本務である。議会の招集は首長が行うが（なぜ議長でないのか疑問）、議会は開会から閉会までの「会期」が正規の活動期間とされる。閉会中は継続審査事件を審議する委員会のみが正規の議会活動。そこで開かれる会議は定例会、臨時会、さらに各種委員会だが、この会期とされる議会の正規の活動日数はどれぐらいか。

人口規模によっても活動実態は異なるが、議員の活動実態について表に掲げた。これはいわゆる正規の議会活動に限った場合の年間平均の会期日数（定例会と臨時会の合計）だが、人口の比較的少ない町村では、年間47・5日。それが市区になると、5万人以下で77・8日だが、人口規模が大きくなるにつれ増え、50万都市で101・9日、100万都市の政令市になると114・4日。都道府県議会は115・3日とほぼ政令都市と同じ。おおざっぱにいうと、町村で年間50日、一般市で90日、政令市と都道府県で110日とみることができよう。

これはメインの会議の日数だけで、これだけしか仕事がないという訳ではない。だから、先に述べた報酬の議論も、正規の会議だけで評価してよいということにはなるまい。しかし、どこまでの活動を報酬の対象にしてよいか、見方は人によって異なる。

議員も生活者である。議員報酬だけで生活している人、別に収入がある人など様々だが、地縁、血縁が強い農村、地方都市でも生活費の高い都市部でも、議員生活を続けるのはかなり大変なようにみえる。いつも選挙のことを考え、冠婚葬祭などの付き合いもしなければならない。地域の祭や盆踊りなどで議員が金品を差し入れるのは当たり前だという考え方の所も未だ少なくない。最近こそ、公選法で寄付などは禁止され虚礼廃止を申し合わせている議会も少なくないが、それでも実際そうはいかない場合もあるという。地域の風土によってカネのかかり方も違う。それが日本の実際である。

地方議会議員の専業率、兼業する職業の状況

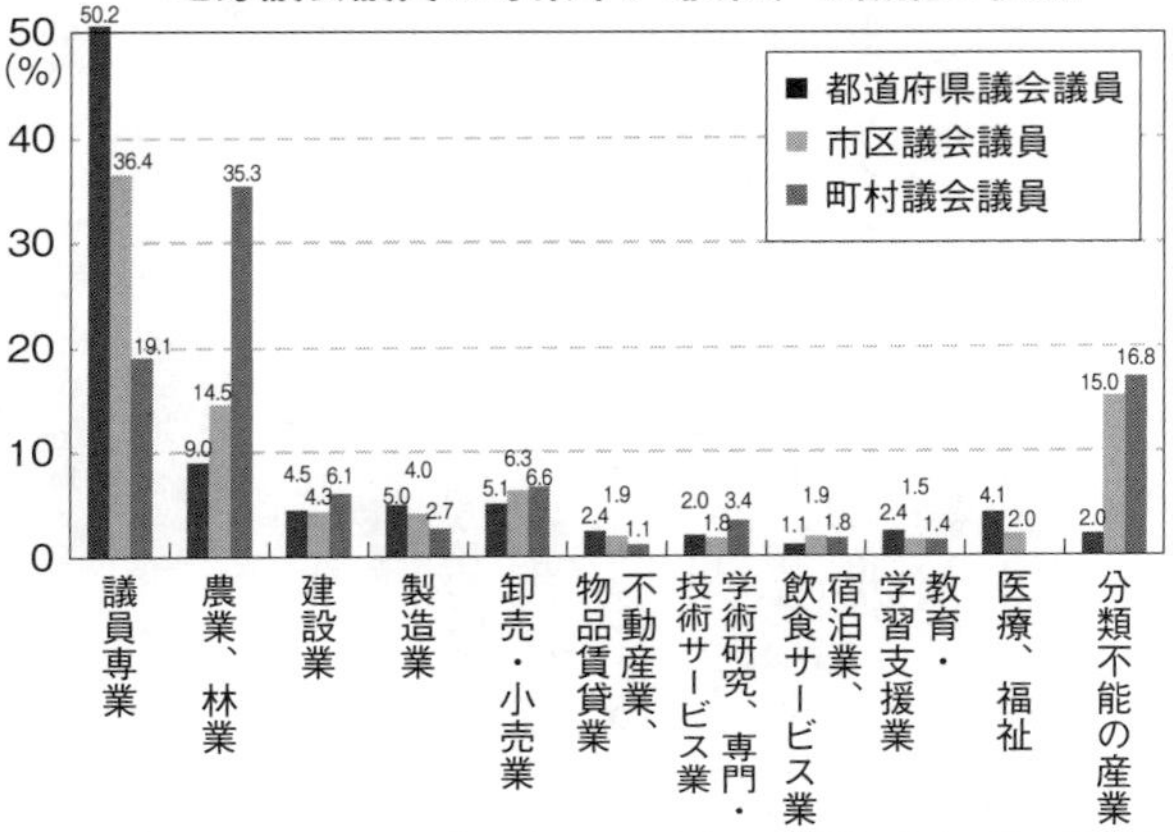

都道府県議、町村議は平成25年7月1日現在、市区議は同年8月30日現在
（資料）第31次地方制度調査会資料より主な職業のみ掲示

　また、任期制に伴う選挙のリスクは計り知れない。せっかく立候補しても、落選すると、失業保険も退職金も健康保険もない。報酬だけで生活する議員は家族の将来を考えると次の選挙への立候補自体に躊躇《ちゅうちょ》する。

議員の兼業実態

　議員になる人はどのような職業の人だろうか。どうすればなれるだろうか。
　都道府県、市区、町村で大きく異なる。総じて小規模自治体では農林業が、中規模、大規模になるに従い様々な職業から選ばれている。全国市議会議長会等のまとめでは、町村では議員の35％が農林業に携わっており、議員専業は19％。そのほか、

卸・小売業7％、建設業6％などの順。市区では議員専業の比率が上がり36％、農林業が15％、卸・小売業6％の順。これが都道府県の議員になると、議員専業比率が50％となり、農林業は9％、卸・小売業、建設業が5％前後（2013年の全国三議長会調べ。小数点以下四捨五入）。

規模の大きな自治体になればなるほど、だんだん専業比率が上がっていることが分かる。とはいえ、都道府県議会でも半数は兼業であり、市区議会では3分の2が兼業、町村では5分の4が兼業という状況である。ただこの兼業がサラリーマンではなく、業種はともかく多くが経営者（自営業者）だという点を見落としてはならない。

先の活動日数とリンクして考えると、町村では年間50日の活動で8割の議員が、一般市では90日の活動日数で6割以上の議員が他に職業を持っており、政令市と都道府県では活動日数が110日で半数が専業、半数が兼業ということになる。

ということは、非常勤の特別職という地方議員の性格付けはそう変える意味もなさそうだ。例えば、土日・夜間議会にシフトすべきだという主張を受け入れるとすると、町村などは敢えて土日・夜間議会に変えなくともよい。農林水産業などの従事者が多く、サラリーマンが事実上立候補できないという話には該当しにくいからだ。逆に、専業率が半分に達する都道府県議の場合、もし兼業率が高い状態をつくろうとすれば土日・夜間議会が望ましいことになる。ただ、実態に目をやると、都道府県議の場合、都市部、農村部など都道府県自体の広範囲から選ばれた議員だけに、議場のある都市部の中心部で土日・夜間開催となると、事実上出席できない可能性が出てくる。東京、大阪などの大都市の都府県議会ならば可能かもしれない。

都市部は土日・夜間議会へ

こうしてみると、比較的都市的な性格を有しながら区域の狭い、市区部の議員に土日・夜間議会の制度は適用できそうに思える。問題は、議員という職がフルタイムのサラリーマンをやりながら、片手間で兼業としてやれるほど簡単なものかどうかだ。4年に一度の選挙を考えながら、支持層の確保を狙う日常活動の忙しさまで勘案すると、判断は難しい。市議会議長会の調査をみると、24市区で休日ないし夜間議会の開催を試みているが、そう広がりそうな勢いにはない。しかも、ここで行われている土日・夜間開催は傍聴者を増やすという狙いからのものだ。とはいえ、今後、土日・夜間議会への本格シフトは検討すべきだ。

兼業、兼職は自由なのでこれ自体は問題ないが、その場合、町村議員に対し、専業率が徐々に高まってくる市区議員、都道府県議員の待遇をどう考えるかが問題となる。

これは考え方次第だが、本業、本職は別にあり、議員活動は住民としての責務のひとつと考え、実費弁償程度のボランティア活動的なコミュニティ・ジョブと考えてよいかもしれないとの意見もある(大森彌)。そうすれば、誰でも気軽に立候補できるし、議員定数を絞る必要もないし、住民とのコミュニケーションももっと円滑になるという考え方も成り立とう。とくに小規模市町村の議員のあり方として、ひとつ考えられる方向ではないか。

イギリスのように、議員は「名誉職」とみて、交通費程度の実費弁償に止め、報酬をほとんど支払わないこととし、その代わり、定数は多くするという選択。あるいはアメリカのように、議員を専門職とみて、それにふさわしい報酬を支払い、その代わり定数を抑えて少数とする選択。両方をミックスした日本の都市部の市や都道府県のような「報酬は高く、しかも定数は多い」という現状はやはり改めるべきではないか。

もし、どちらかといえば議員を専門職とみなすなら、質的にも高い議論ができるよう少数精鋭にし、大都市の場合でも15~20名程度へ、思い切って議員数を減らす選択もあるのではないか。逆に町村部まで含み広範囲に合併した自治体のような場合、地域の声を反映する視点を重視し、定数を多めに確保し、報酬は抑制的に低めに設定するという選択肢もあろう。いずれにせよ、議員定数について法律による関与がなくなった今が改革のチャンス。地域の実情にふさわしい定数と報酬額の設定を住民公開の中で行うべきである。

第5章　地方議会、地方議員は変われるか

地方議会は役割総括主義へ変化せよ

機関としての議会改革も喫緊の課題だ。

まず、第2章でも書いたが、地方議員と地方議会の役割について今一度簡単に確認しておこう。次のページの図のように地方議会の主な役割は、まず、自治体の団体自治に必要な予算、条例、主な契約など主要案件の決定者である。同時に首長に代表される執行機関の活動の監視者であり、膨大な予算の執行や条例、契約に関する行政活動を監視、批判する役割を持つ。さらに最近重視される役割として、議員自らが政策論争をし、首長提案の政策変更を迫るだけでなく、自ら様々な政策や条例を提案する提案者としての役割がある。また機関としての議会が有権者に議会の判断を説明し、争点の提起や民意の集約などを行う集約者の役割がある。

こうした4つの役割を期待されながら、従来の議会は自ら「チェック機関」だと称して

地方自治の本旨と議会の関係図式

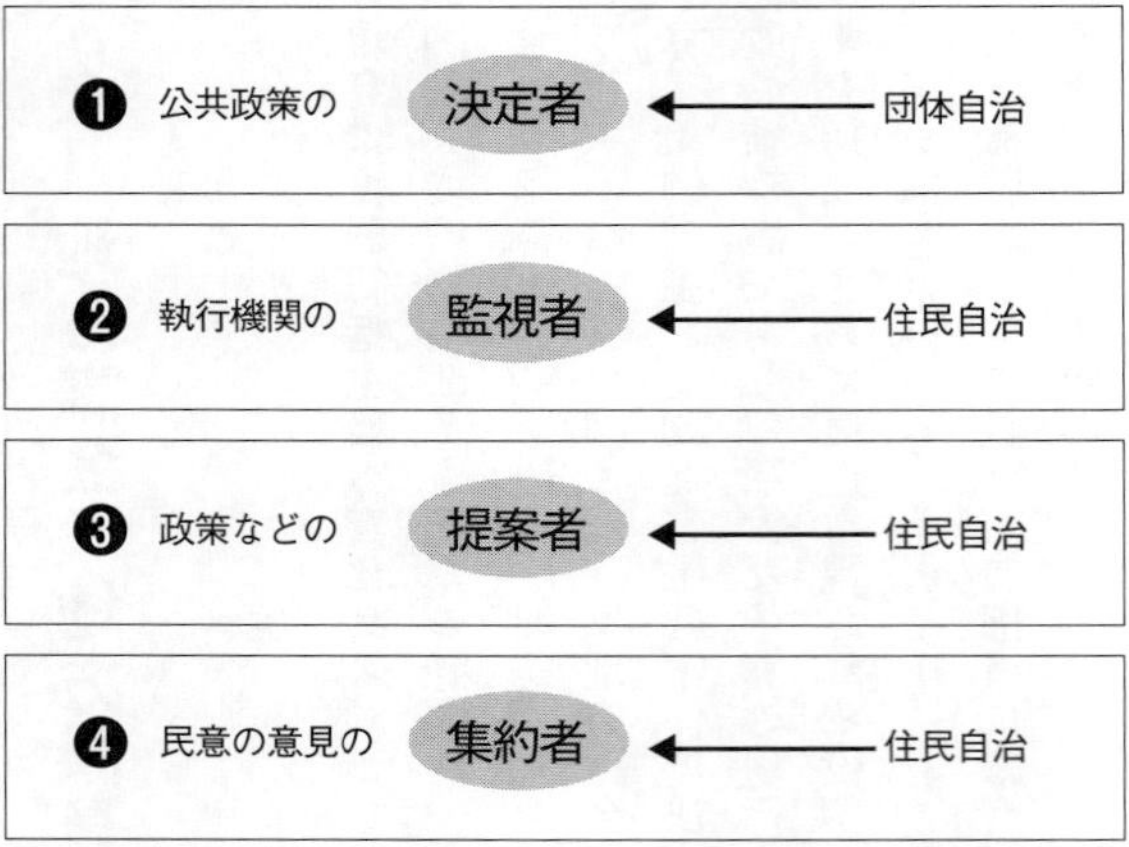

きた。首長ら執行機関の監視統制を行う機関が議会であるという認識からだ。これ自体は間違いではないし、重要な役割であるが、しかし議会の役割を一点に集約して「チェック機関」だとするところに問題がある。

とくに地方分権が進む中、国の下請け的機関として国の機関委任事務の処理を大幅に担い、そのことに議会は関与できなかった時代とは違う。多くの仕事は自己決定・自己責任を原則に自治体自らが決める自治事務に変わっている。この決定者が議会である。それには首長提案の議案を審議し、イエス、ノーの答えを出して終わるような形式審議ではダメ。議員同士で案件を深く掘り下げ、同時に自ら議員立法を行う提案者でなければならない。

さらに議会が機関として住民の中に入って

いくこと、そこで議会自身の採決態度、争点を説明し、住民の意見を集約してくる活動が不可欠だ。要するに地方議会は、従来の②の役割重点主義から、①から④までをバランスよく議会活動に反映する役割総括主義へ変わらなければならない。

地方議員自身は議員と議会の役割をどう考えているか。慶應義塾大学の政治研究会の調査によると、地方議員（例：都道府県議員）の役割認識は①政策の審議決定、②世話役・相談役、③行政監視・批判、④政策の形成の順となっている（同大学21COE・CCC調査データ、2005年8月）。

これが市町村議員になると、むしろ「世話役・相談役」と「行政監視・批判」の役割が上位を占めるようになる。この認識の違いはやはり問題である。市町村議員とて、地域の世話役を中心に活動する時代は終わったのではないか。政策立案や政策審議に多くの時間を割くのがこれから期待される議員の役割である。

これまでも議会は改革努力を続けてきている。しかし、その本質は、政治改革としての議会改革ではなく、行政改革としての議会改革に止まっている。議員定数の削減など「量的」な面の改革が中心だった。今後もこうした面での改革努力は惜しんではならない。

しかし、それが議会改革の本丸ではない。分権化に伴う議会改革は政治の「質」を高める改革がもっとも大事である。地方民主主義の担い手たるべく、政治改革としての議会改革を進める、これが議会改革の本丸である。

自治体自身、従来の事業官庁から政策官庁へ脱皮していくこと。その牽引力を担うのが議会である。「議会が変われば自治体が変わる」、議会改革の基本的な意義はここにある。

住民のなかに入れ

地方議会の存在は住民参加の延長として捉えなければならない。住民の直接投票による住民参加もそうだが、これまで住民参加といえば、ほとんど首長とその補助機関である執行部門の意思決定への参加を意味していた。議員の間からは、首長による住民参加の推進は議会の権限を侵害するものだという意見すらみられた。執行権がないとの認識からか、議会は住民参加を促進する視点を持たなかったと言っても過言ではない。

しかし、これは二元代表制に関する深い認識を欠いているといわざるを得ない。執行機関としての首長が呼びかける住民参加と、議会が呼びかける住民参加とは意味合いが異なる。住民参加は、議会にとって、首長とは別個に、選挙で選ばれた住民の代表者としての、その代表性を高め、しかも合議体としての議会の持ち味である地域社会の統合力（地域における意見、利害の相違・対立を調整し合意を形成する能力）を高める手段なのだ。

議会が主催して住民との討論や対話集会を一般化すれば、それは単に民意の具体的な吸収に役立つのみならず、議員も住民が提起する問題に対し説明し説得する能力を高めることになる。住民参加は政治機関として議会の能力を研ぎ澄ます絶好の機会ともなる。

議会がこれまでのように執行機関をチェックする機能を持つだけでなく、立法機関としての機能を身につけていくためには、まちづくりの将来構想案や特定の政策テーマを取り上げ、議会主催で住民討論集会を開くといった試みが不可欠と言える。争点を明確化し民意を形成する、こうしたところに政務活動費を充てるべきだ。

与野党の意識払拭

議会における与野党意識も、首長優位と大いに関係する。はたして二元代表制の下で議会に与党、野党はあるだろうか。仮にあると考え、議会が無闇に首長の与党的な行動に走ったり、野党的な行動に走ることは自らの存在意義を否定することになる。ましてオール与党化した議会、オール野党化した議会など、その存在は無価値に等しい。

首長の多選やマスコミが注目する有名人の首長就任で、時の首長権力が強くなればなるほど与党的な議会活動が活発になることがある。それは多くの場合、首長選挙から始まる。最初の首長選挙で特定候補者を支持した議会内の政党・会派は、その候補者が当選してくるとその首長に対し自らを「与党」と考え、また首長側もそのグループを「与党」とみなす。

その結果、彼らは首長の出す案件のすべてに賛成するようになり、その「与党」と執行部との間に一種の馴れ合いが始まる。だんだん、議会として本来果たすべき役割を忘れる。

他方、そこから外れた他の会派（政党）は必要以上に「野党」たろうとし、審議拒否や「何でも反対」の硬直的な態度に出る。こうして議会内で与野党に分かれたグループ活動が始まり、議会は多元的利益を反映するという固有の特性を自ら失っていく。

「与党」と思い込む会派（政党）は、執行機関の政策や予算について他の会派より優先的に相談、協議を受けることを望み、根回しを要求するようになる。次期首長選が間近になると、「与党」議員は首長の実績を過度にほめたたえ、追従的な八百長質問すら行うようになる。他方、「野党」と思い込む会派（政党）は重要な意思形成に関わりながら、自ら責任を負う立場に立とうとせず、執行部を過度に責め立てる批判勢力たることに終始する。

与野党いずれの会派も所属議員を党議拘束でしばろうとし、議会活動は次第に柔軟性を失っていく。だが、これはどうみても与党が内閣をつくり、野党はそれを批判するという議院内閣制をイメージした与野党意識ではないか。基本的にこれは間違っている。

会議の自由化で議員提案を増やす

地方議会は、２００４年度の法改正で年４回以内に限られていた定例会の回数制限がなくなった。各議会は主体的に会期の設定ができるようになった。通年の議会開催も可能だし、毎月の月例議会を開くこともできる。複数の常任委員会に所属することも認められた。こうした改正を各地で「議会活動」の充実に生かさない手はない。

たとえば予算の精査だ。よく議員は予算審議が不得手だ、予算書を読むことが苦手だという。役所側の予算書の作り方にも問題があるが、議員の努力も足りない。予算は政策そのもの、政策を集約したものである。予算額は政策の重要度に比例する。政策自体の理解を抜きに数字の増減だけを眺めても本質はわからない。

役所任せにせず、まず各議会で予算研究会を立ち上げるなどして、議会が独自に「もう一つの予算編成」をしてみたらどうか。現行制度では提案権こそないが、首長に要望はできる。議会でまとめて「予算教書」を首長に出したらどうか。議会は予算を自ら編成することで自治体が直面する課題の全体像が見え、改革の焦点がはっきりするはずだ。

条例提案も少なすぎる。前にも述べたが環境や福祉、文化、教育、子育てといった住民サービスに直結する「政策条例」の提案は極めて少ない。提案される政策条例の中で議員によるものはたった7％程度、実際に可決成立する率はもっと低い。町村に限るとさらに少ない。最近1年間で県議会や市議会の提案は平均1本以下の勘定となる。

圧倒的に首長提出になっている。

その首長の提出案件でも、審議過程において首長ら執行機関の職員を抜きに、議員同士だけで討議している議会は極めて少ないのが現状である。掘り下げが極めて不十分だ。

こうした現状をどう変えたらよいか。いっそのこと、職務として議員に1任期1条例の提出を義務付けてはどうだろうか。議員立法にはある程度の専門的な法律知識が必要だが、衆参両院の法制局の例に倣い、立法活動をサポートし法令審査を担当する地方議会「法制局」を自治体共同で設置したらどうか。政策条例のテーマは農政、福祉、教育、まちづくりなど山ほどある。議員は条例を作り立法能力を磨くことだ。幸い、毎年3000人近い学生が法科大学院を修了するようになった。彼らのうち法曹（弁護士、検事、裁判官）の資格を得られる者は2000人に満たない。毎年半数は他の職業を目指すことになるわけで、各地で地方議会法制局をつくれば彼（彼女）らにも法律知識を生かす場が生まれ、議会にとっても優れた立法サポーターを雇えることになる。

さらに各議会に議員執務室（1人1席の執務机）を創設すべきだ。人口10万以上の都市議会はともかく、それ以下の市町村議会には議員執務室がないのが一般的だ。あるのはサロン的な議員控え室のみ。自治体の職員には非常勤でも執務机が与えられるのに、なぜ、住民の代表である公選議員には執務机すらないのか。この一点をみても、いかに議員が議会を拠り所に「議員活動」をしていないかが分かろう。ここを拠点に住民と面談すればよい。

議会基本条例は必置

このところにきて、ひとつよい動きもある。機関としての議会が自律性を高める方向での議会基本条例の制定が全国に広がりつつあることだ。自治体の憲法とされる自治基本条例の制定も広まりをみせるが、自らを律する議会基本条例をつくり、議会活動を充実させようという取り組みの意義は大きい。

２００６年５月に北海道栗山町が議会基本条例を初めて制定後、神奈川県湯河原町、三重県議会（同年）、三重県伊賀市（２００７年）と続き、この約10年の間に市レベルでいうと約４割の市議会で議会基本条例を制定している。

２０１３年末現在の市議会における議会基本条例の制定状況は、次ページの表のようになっている。全市区（８１２）のうち、約４割の市が議会基本条例を制定している。議会基本条例の制定自体、カネのかかる話でないこともあってか市の規模による制定状況にあまり差はない。表にはないが、都道府県でも町村でも特別区議会でも大差がない。ひとつの望ましい姿だと評価したい。

なぜ議会基本条例が必要かと言えば、住民に対してというより、議会内のガバナンス（内部統制）を高める役割が大きい。そもそも、自分らの議会は何をするところか、そのルールはどうあるべきかよく分からないという話が以前からあった。これを変えようという

議会基本条例の制定状況

（平成25年12月31日現在）

市の人口	制定している市の数
5万人未満　（257市）	101市（39.3%）
5～10万人未満　（270市）	102市（37.8%）
10～20万人未満　（156市）	66市（42.3%）
20～30万人未満　（46市）	20市（43.5%）
30～40万人未満　（26市）	9市（34.6%）
40～50万人未満　（23市）	10市（43.5%）
50万人以上　（14市）	3市（21.4%）
政令都市　（20市）	11市（55.0%）
全市区　（812市）	322市（39.7%）

（資料）『市議会の活動に関する実態調査結果』（全国市議会議長会　2014年9月）

点で議会内のルールブックに近い面がある。その大きな背景には、地方議会自身の危機感がある。議会不要論も出ているが、それより地方分権の始まりで地方議会が決定者、監視者、提案者、集約者としての役割を果たすことが緊要だと認識するようになったからだ。とくに改革派首長のいた県や市は早くから制定にこぎつけ、改革派首長に触発されて議会改革に取り組んできた経緯がある。首長と論戦をするイメージ。これが他の自治体へ波及していった。

議会基本条例は、自ら定める議会ルールである。そのねらいは議会のあり方、討論など議会運営の体系化、総合化を図ろうとする点にある。住民とあゆむ議会、議員同士が討議する議会、首長ら執行機関と切磋琢磨する議会への変貌をねらう。

議会基本条例で定めるべきポイントは次の諸点になろう。

①ねらい：地域の代表機関として、議会の役割の明示と信頼される議会づくり。
②議会の原則：決定、監視、提案、集約の4つの機能を十分発揮できる体制へ。
③議員の原則：議員の役割、活動の心得、政治倫理、政策提案の活性化。
④議会と首長：二元代表制の制度趣旨を尊重、権力の抑制均衡関係を保つ。
⑤討論の仕方：議員同士の討論を増やし、可能な限り執行機関に依存しない体制へ。
⑥公開の原則：委員会全部の公開、情報公開、審議状況報告、パブリックコメント。
⑦政務活動費：政策立案・立法活動に限定。個人・会派ではなく政策グループ単位で。
⑧議会報告会：年間計画に基づき、主要会期ごとに地区別報告会、懇談会を定例化。
⑨付属機関：市政の主要課題に対応するため専門調査機関と法制局（共同）を設置。
⑩事務局体制：議会局長を特別職に位置づけ、事務局スタッフの増強など体制強化。

すぐやれる議会改革

議会基本条例も含め、すぐやれる議会改革は幾つもある。その視点は、従来の「行政改革（量的改革）」としての議会改革から「政治改革（質的改革）」としての議会改革へシフトすることである。それは多くが自力改革でできる内容である。

例えば、次のようなものが挙げられる。

①議会の自律性を高める議会自身のルール制定（例：議会基本条例）
②執行機関を交えない、議員同士の討論機会の創出（本来は議員だけが原則）
③議会主催の各地域での市民への議会報告会、対話集会（住民との対話）
④議員立法を支える広域市町村圏での「議会法制局」の共同設置
⑤議会の会期日数を大幅に増やし、定例会の月例化（審議時間の確保充実）
⑥各議員の期毎の採決行動の公表、質問・提案に対する市民の評定（点数化してもよい）
⑦議会で予算研究会を常設（財政の勉強をし、毎年、首長に予算教書を提出）
⑧監査・統制機能の強化（行政監察、監査機能をもつ専門的付属機関を）
⑨議員の活動執務室（1議員1執務机、インフラ整備、政策スタッフの非常勤雇用）
⑩まちづくり、子育て支援、少子高齢化対策、地産地消研究会など創設（政策グループ化）
⑪子ども議会を定例化（議会の学習機会を子どもの頃から育む）

議会は本来、市民主権を土台とする市民の選挙によって成り立つ市民の「代表機関」だ。にもかかわらず、選挙が終われば、首長の翼賛機関と化し、国の下請け機関としての自治体の追認機関に成り下がってしまう。これでは何のための代表機関かわからない。

議会は特権を持つ訳ではなく、市民主権による選挙、つまり市民の信託に基づいて存立する議会だから、逆に市民の直接発動によって議会あるいは議員はリコールされ、また市民のイニシアティブによる条例制定、改廃請求も行われる。議会が機能しなければ住民投票の活用も拡がっていこう。「市民の代表機関」となるにはこれまでと逆の考え方をとる必要がある。

単に従来の「議会会議規則」に依拠するのではなく、自治体の「基本条例」あるいは「議会基本条例」を作成し、招集、組織、会期、公開、参加などの規定を自らつくること。そのうえで審議、調査、立法をめぐる権限を拡げる改革を行うべきではないか。

そのとき、首長が市民会議などで行っているのと同様に、議会が主催して市民会議を開くことも大切ではないか。閉じた議会では何の進歩もない。開かれた議会に変わることだ。公聴会、参考人という形も一歩進め、彼らが議会の討議にも実質的に参加できるようにすれば専門性を高めることも可能となる。主権者である市民をいつまでも「傍聴者」あるいは「陳情・請願者」に止めておくのも問題だ。アメリカのように、市民が議場で反対意見を述べるといったところまで開いたらどうか。それはすぐには無理だろうが、参考人らが議員の討論に加わる仕組みぐらいは考えるべきだ。市民が主役であり、議員が真の代表となるよう、地方議会は市民自治の代表機関として蘇生すべき時が来ている。

政策に強い議員へ

これからの地方議員にとっての大きな課題は、立法能力の向上ではないか。そのためには、サポート組織として法制局や法制担当を置く「制度の改革」が必要である。一方、現行の仕組みをうまく生かしているかどうかをチェックし、必要なら「運用の改革」も求められる。さらにそれを動かす議員の「意識の改革」も必要と思われる。

制度上の壁があったらそれを変える制度改革は必要だ。ただ最近目につく議員の問題は、勉強しない、立法や調査活動をしない、職員や執行機関任せで「執行部案」が出てくるのを待っている、といった「待ちの政治姿勢」である。つまり、運用、意識面の改革問題も大きいのである。

繰り返すが、これからの議会はチェック機関の役割を果たす以上に、立法機関の役割を果たすことが重要だ。議会自らが政策論争をし、執行機関の提案内容を独自に修正し、自ら様々な政策提案を行うこと、これがこれから求められる地方議会であり、地方議員の姿である。自治体自身、従来の事業官庁型の体質から抜け出し、政策官庁型の自治体へ変わらなければならない。その中心的な政治機関である議会は政策議会に、議員も政策派議員に変わらなければならない。そうならないと、地方分権を進めた意味がなくなってしまう。

職員と連携を

そこで問いたいのが職員との関係である。何といっても、議員の身近な行政の専門家は当該自治体の職員である。ただ、職員（公務員）は、よく「議会は鬼門」だと言う。さわらぬ神に祟りなし、できれば議員とあまり深い関係を持ちたくないと思っている職員が多いのも事実。議員の質問攻めにあい、管理職として失格の烙印でも押されたら大変だ、ということかもしれない。

一方、議員からは、どの部署にどのような情報があり、どのような職員がいるかも知らない、結果として政策情報が少なく、スタッフもいないので「条例の提案」などはできないという声が上がる。同じ屋根の下で仕事をしながら、議員と職員が疎遠な関係にあるようでは、地方分権はうまくいかない。

地方分権は自己決定・自己責任で自ら政策をつくること。もとより、それは何も議員自身が直接政策をつくれと言っているのではない。政治家である議員と専門家である職員が連携プレーの中でよい政策をつくればよい。議員と職員はよきパートナーであり、政治と行政が連携プレーを行うことが期待されている。

市民が何を求め、地域が何で困っているか、直感的に判っているのは議員である。外から民意を吸収してくることは政治家が得意な分野だ。しかし、一般的に議員は専門知識に乏しい。これに対し職員は議員の様々な要求や提案を加工し、政策に仕上げる技術を持っている。政策面では職員の方が知識も経験も豊富であろう。議員は素人でもよいが職員は専門家でなければならない。

そこで政治家の運んでくる様々な民意を、専門家としての職員集団が政策として加工する。それをアウトプットとして住民サービスに反映する。そうした自治体内での連携プレーが行われてこそ、地域にとって望ましい政策が生まれる。

それぞれの議員が、福祉や教育、子育て環境、農業、ごみ、観光、道路、地産地消など、得意な分野について実情を調べ、地域づくりに明確なビジョンを持って質問をすれば、職員はそれに目を開かれ、真剣に勉強するはずだ。職員の人材育成は首長の役割でもあるが、じつは議員、議会の役割だということも見落としてはならない。政務活動費はその調査研究に使う。職員と議員が一緒に勉強会を行っても何も問題はない。

古くからあるような、議員が職員に質問を作らせ、その答弁を事前にもらい、それを委員会や本会議で互いが間違いないように読み合う——こうしたことを続けていても何も生まれない。こうした関係を保つことが、職員に対する優しさだとか、議員に対するサービスだ、と互いが考えているようでは、単なる馴れ合いの関係にすぎない。職員と議員が一定の緊張感と連帯意識をもって自治体を運営する、それが政策官庁としての議会のあり方である。

地方議会に法制局を

議員の立法活動、質問作成などをサポートする制度として、地方議会の広域連携機関として「○○圏法制局」を創設してはどうか。「宮城県栗原広域圏法制局」といったイメージ。そこに非常勤の専門委員として東北大などの法科大学院の出身者を雇ったらどうか。

国際的に見ると、日本の法曹人口はまだ少ない。アメリカでみると人口10万当たりの法曹人口は約400人。イギリス、ドイツでも約230〜250人である。それに対し日本は、人口10万人に対して約30人という割合である。欧米との訴訟文化の違いもあるが、少しずつ増えているとはいえ、それにしても日本は法律専門家が少ない国だ。

では、困っているところがないかと言えばそうではない。例えば47都道府県、20政令市、さらに1700余の市区町村の議会では、議員の条例提案件数が極端に低く、機関としての立法能力をどう高めるかが大きな課題となっている。市町村の場合、人口も面積もバラバラだから個別に各市町村議会が法制局を持つことは無理だが、30万〜40万人の広域市町村圏なら共同設置が可能ではないか。都道府県や100万政令市は単独設置も可能だろう。そこで提案したい。昨今、使途について問題視されている政務活動費の半分を「法制局設置、維持」費に投入し、議員立法をサポートする機関としたらどうか。

その専門家として法科大学院出身者を雇ったらどうか。「文系の医学部」との触れ込みで始まった日本の法科大学院。しかし12年経った今、危機に立たされている。この大学院は研究者養成ではなく、専門家としての法曹に必要な学識及び能力を培うことを目的に設立された専門職大学院。2004年4月に多くが開設され、当初、法科大学院68校、約5600名の定員という大ぶりなもので始まった。

当然ながら応募者も殺到。社会人を辞めて進学する者も多くみられ、各大学とも10倍以上に達する狭き門であった。政府の構想では、司法試験予備校中心の人材育成をやめ、対話型の思考力を養う教育により、もっと柔軟な立法能力もある人材を輩出し、修了すると7〜8割が司法試験に合格するとされていた。だが、現実は違った。合格率は2〜3割止まりである。とはいえ、以前の司法試験毎年500名合格時代からすると雲泥の差。合格予定目標を3000名とおきながら当面合格者を2000名まで増やした。しかしこれ自体、多いとされ、1500名程度まで減らす動きにある。

政策官庁議会へ脱皮せよ

とはいえ、優秀な人材が集まっているのが法科大学院である。その卒業生は法律の専門家だ。ここでいう地方法制局で雇う人材は、必ずしも司法試験合格者に限定する必要はない。法科大学院修了者（法務博士［専門職］）たちを専門委員（非常勤）として組織的に雇えばよい。議員は条例提案の種となる「問題意識をレポート」すればよい。それを他の法令や条例との整合性も見ながら条文化してくれるのがここで言う広域法制局だ。もちろん、議員立法だけでなく、執行機関提案の条例審議や予算についても、一定の専門知識を生かしてサポートしてもらえる可能性が高い。頼りになる法的スタッフだ。

そうした中から、将来法科大学院出身の地方議員が続々誕生してくるかもしれない。いずれ、欧米的な法律専門家の活躍の場を裁判絡みだけでなく、立法や行政活動の場まで広げると、法科大学院縮小の流れも止まるのではないか。地方も助かるのである。

ともかく、立法能力、政策形成能力を高めるのが議員らの研鑽《けんさん》努力のテーマである。今後も議員の絶対数は減り続けるだろう。少数精鋭型の地方議会の姿が一般化しよう。そこで選ばれた一人ひとりの議員は、地域民主主義の代表、担い手として強い改革意識と進取の気性を持って政策を提案し地方活性化に取り組むべきである。

当面、各地に立ちはだかるテーマは人口減少に対し、どう地域の再生を構想していくかだ。各議会で地方創生のあり方について常設の特別委員会をおいて、各界各層の代表も入れて中長期のビジョンをつくったらどうか。そうした中から、政策官庁型の自治体、政策官庁型の地方議会が姿を現してくるのではないか、筆者はそこに期待している。

第6章　地方議員の政策形成入門

自ら考え・自ら決める議会へ

地方議員がいま一番問われているのは、政策能力をいかに高めるかだ。そして議会提案、議会審議の質をいかに高めるかである。

地方議会は国会に代わり、地域のことは地域で決める「地方主権時代」の政治主体である。そこでは決定者、監視者、提案者、集約者の4つの役割が期待されている。地方議会の役割の重要性は強調してもしきれない。言い換えれば、これは地方議員の役割がいかに重要であるかを意味する。

2000年の地方分権改革以降、知事、市区町村長は国から委任された大量の機関委任事務を処理する必要はなくなった。下請け的な役割を期待された事業官庁自治体から、いまや分権時代の政策官庁自治体への脱皮が期待され、地域の政治が重要な時代になった。

地方議会は政治の主役として、自治体の条例、予算、主要な契約の全てを決定する決定者の役割が大きくなり、また自ら政策を提案する提案者の役割や、民意を吸収し政策に反映する集約者としての役割もクローズアップされてきた。

たとえば大阪都構想を進めるか、否か。これまでの政令市制度をやめ、府と市を合体し「都」を創設、270万大阪市は5つに分割し基礎自治体としての特別区に移行する。この都構想をめぐる大阪のあり方を決める中心に市議会があり、府議会がある。

決して「国が決める」ものではない。住民投票が課されているので、最終的には住民が決めるものだが、しかし関係条例の整備まで含めると、両議会の役割は決定的だ。2015年5月の住民投票でわずかの差とはいえ、いったん否決された大阪都構想だったが、同年11月のダブル選挙で推進勢力の「大阪維新の会」推薦の二候補の勝利により、再び大阪都構想をめぐる論争が議会を中心に始まることになった。いまや地方議会は地域のあり方を決める重要なカギを握ることになった。

「国が考え、地方が行う」(中央集権)時代から、地方が「自ら考え、自ら行う」(地方分権)時代へと、大きくパラダイム転換した。ゆえに、地方議会のあり方が問われるのだ。

政策のプロセス

この章では、地方議会に自治体というひとつの地方政府の中でどのような役割を期待され、政策過程の中でどのような立ち位置と役割になるのか、政策形成の核心に触れる問題について考えてみたい。

公共分野における問題解決の技法を「政策」という。それは政策の形成、実施、評価という一連のプロセスからなる。本来、この政策過程は、国は国、地方は地方とそれぞれの政府内において自己完結することが望ましい。

ところが、長らく中央集権体制のもとにあった日本では、各分野とも政策の形成は「国」、実施は「地方」、評価は「国と地方」で受けるという形で政策過程がバラバラに分割されていた。農政を企画するのは農水省、それを実施するのは都道府県の農林部であり市町村の農林課であった。「国が考え、地方が行う」という仕組みのもとでは、行政責任の所在はあいまいであった。その政策の実行で問題が解決しない場合、その原因が政策の形成過程にあるのか実施過程にあるのか、はっきりしない。このあいまいさが無責任な政策遂行にもつながりかねなかった。

これをなるべく国は国、地方は地方で政策過程が自己完結的に運用できるようにする、それが地方分権の狙いである。とりわけ「補完性の原理」に基づき、身近な基礎自治体を中心に政策を運営できるようにしようというのが地方分権改革の考え方である。

そこで作動する原理は自己決定・自己責任・自己負担の原則だ。政策の形成活動も実施活動も自治体に統合され、その結果責任も自治体が負うことになる。経営破綻や政策の失敗の責任は議会及び首長といった政治家が、政策の個別具体的な執行上の失敗は行政責任として担当の管理職、監督職など自治体職員が負うことになる。

議員立法が自治体を元気にする

議員が政策形成に乗り出す時代。これは単に自治体の行政に住民代表の声を反映することに止まらない。自治体の組織風土を変え、政策官庁へ踏み出すよい契機となるのだ。

少ない、少ないと言われながらも、地域によっては先駆的な立法活動を行っている議会もある。本州最東端のまち、岩手県宮古市（人口5万6000人）。ここで初の議員立法による「地産地消条例」が産声を上げ、市政の重要な政策として生かされ、各地に波及している。2009年、地域のあり方、農水産業に危機感を持つ有志議員らの提案で「宮古市食育及び地産地消の推進基本条例」が可決。それを受け、市側は「地産地消推進計画」を策定。市と生産者等、市民が一体となって4つの基本理念（①健康で文化的な地域社会の形成に寄与する地産地消、②農林水産業や他の産業の振興に寄与する地産地消、③農林水産業の持続的な経営に寄与する地産地消、④農林水産物の生産に必要な環境の保全に寄与する地産地消）を謳い、その後、本格的に市政の重要な地産地消政策へと進んでいる。

要は、地域で採れた農産物、水産物を自分の地域でまず有効な形で消費する体制をつくる。例えば学校や保育所の給食食材、市民、観光客相手の産地直売所の充実、市内の事業者、飲食店で地元産品を徹底利用、付加価値をつけて加工品、特産品として対外的に販売する、といったことを全市あげて体系的、本格的に取り組むということ。さらに「野菜ソムリエ」「食の匠《たくみ》」と称し人材育成にも取り組んでいる。

いまなら、地方創生の取り組みとしてどこにもありそうな話だが、パイロット的に始めるにはリスクも伴うだけに、立ち上げエネルギーは相当なもの。いろいろ反対意見もあるものだ。自らも農業、漁業を営む議員らが自分らの問題意識をエネルギーに手探りで「条例化」に結びつけたことは、まさに生活者、生産者感覚に優れた議員らのなせる業。地方創生は与えられるものではない。自らの問題意識から地元が立ち上がらないとダメ。補助金、交付金をもらえるから式の中央依存の地方創生のやり方では、早晩行き詰まる。補助金が終わった段階ですべてが消えるからだ。こうした例は枚挙にいとまがない。魂を入れずして、何が地方創生か。宮古市議の心意気に学びたい。

いろいろな分野に広まる議員立法

そう数は多くはないが、地に足がついた議員立法だなと思う例もある。「小樽市地酒普及の促進条例」「小金井市アスベスト飛散防止条例」「逗子市空き家等の適正管理に関する条例」「名古屋市児童を虐待から守る条例」「名張市ばりばり食育条例」「大東市マナー条例」「大津市こどものいじめの防止に関する条例」「田辺市紀州梅酒による乾杯及び梅干しの普及に関する条例」「奈良市カラスによる被害の防止条例」「古賀市深夜花火規制条例」など、なるほどと思う議員立法だ（全国市議会議長会「市議会の活動に関する実態調査」2014年より）。

もとより、議員立法として条例提案しても否決される例も少なくない。少数会派などによる提案の場合、日の目を見ないことも多い。実際、提案数の半分近くが否決されているようにも見える。議員のパフォーマンスだという見方から葬り去られる例もあろう。

ただ、会派の議席数だけで賛否を決めるやり方は、二元代表制の趣旨からすると正しくはない。少数意見であっても、市政、町政などにプラスと考えられるものはどんどん活かすこと。そうしないと議員立法は萎む。これは議会自身の自殺行為にもなろう。生活に密着した行政を営む基礎自治体の場合、女性議員の意見や少数会派の意見にもっと耳を傾けるべきではないか。ともかく、選挙で選ばれてくる者は、首長であろうと議員であろうと住民に責任を持つ立場だ。変に国会の真似をし、与野党に分かれ、数で押し切る、国政政党と同じような行動しかとれない地方議会なら要らないと言われても仕方なかろう。

二元代表制下の地方議会の議員には、公選職として首長とそれぞれが1対1の論戦をして、いずれが民意を代表しているかを競う関係にあることが期待されているのだ。そうした前提に立って、各地の議員の政策活動が活発になるよう望みたい。

自治体が政策官庁へ

これからの自治体に求められるのは、政策官庁としての自治体づくりをめざすことである。これまで日本では自治体を地方政府（local government）と呼ばず、地方公共団体（local public entity）と呼んできた。地方公共団体を普通地方公共団体と特別地方公共団体に分け、前者を都道府県、市町村としてきた。

しかし、欧米流の理解をするなら、いずれにせよ、地方公共団体は「団体」であって政府ではない。今でも国の省庁官僚は自治体を「団体」と呼び捨てるように言うが、これは間違いである。既に分権化後は、団体ではなく「政府」へと制度的位置づけが変わっている。官僚諸氏は自治体を団体と呼ぶのをやめるべきだ。その意識転換は重要である。

なぜ、日本では戦後も自治体を地方政府と呼ばず、地方公共団体と呼んできたか。政府と呼ぶにふさわしい基本的な一つの機能が欠落していたからと理解される。これまでの地方公共団体には、地域の政治機能（政治体）と事務事業の執行機能（事業体）の2つの機能はあったが、自ら政策を創出する政策機能（政策体）はなかった。

3つの機能が必要なのに、2つの機能しかなかった。だから、地方公共団体であり、これは事業官庁としての自治体、「事業自治体」なのである。

しかし、これからは3つめの機能、政策形成を担う「政策体」が加わり、強化される必要がある。この3機能を備えた自治体こそが地方政府であり、それは政策官庁としての自治体、「政策自治体」と呼ぶことができる。

本格的に財政も厳しい時代を迎える今後、日本の地方自治において自治体をどう変えるか、そのポイントは政策官庁としての自治体をどう生み出すかにある。いかに効率性・効果性の高い政策をつくれるか。地方議会は各自治体を政策官庁化する核に位置する。もっとも、誤解があってはならないが、自治体とはいえ、政策づくりは役所が独占する時代ではない。住民やNPO、企業、大学、金融機関などの協働により政策づくりを進める。協働を可能とする政策自治体づくりが公共政策の新たな方向となる。

政策とは何か

私たちの社会は、住民や企業の自由な活動によって成り立っている。しかし、そこには個人や企業では解決できない様々な矛盾、問題が生じてくる。人口減少にせよ、環境問題にせよ、交通問題、福祉問題にせよ、そうだ。また、みんなで共同で使う道路や公園、集会施設などの社会資本の整備は企業の自由な活動からは提供されない。

経済学ではこうした問題領域を「市場の失敗」と呼んでいる。こうした市場の失敗領域、つまり個人や企業では解決できない問題、いわゆる公共問題について、国や自治体が責任をもって解決しようというのが公共政策である。公共政策を略して「政策」という。

ここでは政策を「問題解決の技法」と定義しておこう。国や自治体が行う問題解決の技法、それが政策である。政策の具体的な表現は国の法律、予算、政令、各省庁の規則、政策指針、大臣答弁といった形を、また首長の施政方針、地方の条例、予算、選挙公約を頂点とする一連の行政計画という形をとる。

もっとも、政策には抽象的なレベルから具体的なレベルまで階層がある。政策（policy）→施策（program）→事務事業（project）というようにである。

自治体の内部でみると、本庁の企画部門で扱うのが政策とすれば、各事業部門や出先機関での仕事の多くは施策の遂行であり、事務事業の執行という理解も成り立つ。

もとより、これまでの日本は環境政策にせよ、福祉政策にせよ、自治体内で政策、施策、事務事業があたかも一つの工場の製品づくりのように完結する仕組みにはなかった。国が立案し、地方が執行する図式の中では、多くの分野で政策は国がつくり、自治体は施策、事務事業を担ってきたといってよい。そうした仕組みの中では、自治体に政策を自ら考える組織風土も育たなかったし、それを担う政策立案型の職員も育たなかった。議員についても同様だ。

ともかく、これからは国の行う政策領域、地方の行う政策領域が比較的明確になっていこう。少なくも県も市町村も8割を占める「自治事務」については、自分の政策領域と考えてよい。これを拡大するも縮小するも、他分野と統合するも、廃止するも自由だという前提にたって自治体は政策を組み立てるべきだ。その視点は「霞が関に責任を持つ」のではなく、「住民に責任を持つ」だ。さらに今後、与えられた自治事務だけでなく、地域特有の問題領域に対し、独自の政策を構想する政策フロンティアへの挑戦が必要となろう。とくに人口減少や地域づくりについては、地域間競争に打ち克つ必要がある。

行政と公務員、民間の関係

もっとも、政策を「問題解決の技法」と簡潔に表現しても、具体的には様々な場面がある。直接、役所が事業主体になって行う政策（公共事業）もあるが、市民や企業など民間活動に何らかの動機づけを促す政策もある。補助金や規制行政などはその例だ。

行政と民間活動の関わりは、大きく4つの場面からなっている。

① 行政が民間活動を規制する形で関わる（規制行政）
② 行政が民間活動を助成する形で関わる（助成行政）
③ 行政が民間活動のサービス不足を補う形で関わる（補完行政）
④ 行政が直接サービスの供給主体として関わる（直接行政）

これらの4つの場面について、政策は「活動する案」を企画・立案・決定する「作成の段階」と、それを具体化する予算・事業執行の「実施の段階」に分けられる。

本来は、一つの自治体で「企画活動」と「執行活動」が連続して行われるのが望ましいが、これまでは国が企画活動を中心に行い、自治体は国の補助金と通達に沿い「執行活動」を中心に担うしくみにあった。これが、戦後半世紀以上続いた集権融合型の中央地方関係下の自治体であり、そこでは国が政策官庁であり、自治体が事業官庁という図式だった。この中で議会は国の事業執行を追認し、自治体の実施に「イエス」の許可を与える役割が多かった。

この構造は2000年の地方分権一括法の施行でなくなった。各省大臣の部下として、公選の知事、市区町村長を地方機関と位置付け、国の機関委任事務の施行を通達で命令する上下主従の関係もなくなったのである。

もとより長年、事業官庁に慣れきった自治体に突然、政策官庁の役割も果たせといっても、そう容易ではない。もう15年経つが、地方創生ひとつとっても、中央集権型地方創生の様相が強い。現場では依然旧来の行動スタイルが残っている。国の指示がない限り、すべてをルーチン的に処理し、大過なく済まそうという組織風土がそれである。

そうあってはならない。行政と民間活動との4つの関わりの中に、政策の介在する領域は十分ある。これを認識し、裁量権を駆使しながら、住民の目線で満足度の高い政策づくりをめざし創意・工夫を重ねる、それがこれからの自治体の仕事スタイルだ。議会も同様である。

従来の国の示したモノサシを金科玉条とし、何の創意・工夫もしない自治体と、持てる力を使ってあらゆる創意・工夫をして政策に改善を加え、新たな政策を次々に生み出していく自治体とでは、この先10年も経つと大きな「政策差」が生じよう。

残念ながら、その差を「格差」とは言わない。それは明確な能力差である。

政策差が「個性」として形成されてこそ、政策分野でも地域づくりにおいても「多様性」が生まれてくる。それが地方分権を進めるねらいである。政策に個性や多様性を生み出すのは各自治体の独自の政策活動、工夫以外にない。

政策過程と政治の役割

政策フロー	① 課題設定	→ ② 政策立案	→ ③ 政策決定	→ ④ 政策実施	→ ⑤ 政策評価（feedback → ①）
主な内容	1 争点提起 2 目標設定 3 課題設定	1 複数案作成 2 最適案選択 3 政策原案作成	1 合意形成手続 2 長の決定 3 議会の決定	1 執行方法選択 2 執行手続・規則 3 進行管理	1 制度的評価 2 非制度的評価 3 修正・改善
担い手	政治全体〔市民＋政党＋議会＋長・官僚機構〕	長・官僚機構＋議会	長＋議会	長・官僚機構＋民間受託者	政治全体〔市民＋政党＋議会＋長・官僚機構〕
	政治	行政	政治	行政	政治

違う政治と行政の役割

各自治体が行う政策活動の個別の政策は、それぞれ形成→実施→評価、そして形成へのフィードバックとひとつのサイクルを描く。この政策プロセスを少し詳しく分解したのが上の図である。

それは①課題設定（問題、課題の整理）、②政策立案（解決方法の設計）、③政策決定（政策の公式決定）、④政策実施（細目を定め具体化）、⑤政策評価（政策の効果判定）の5つのプロセスからなる。

しからば、この場面は誰が担うのか。よく議員に聞くと、自分らはこれとは関係ないと言う。強いて言えば「政策決定の場面かな」と言う。確かに、その答えは間違いではないが、基本的に認識不足だ。決定場面のみに関わるなら、議員の日常の政治活動は要らない。また住民に代わって、自治体活動を政策面から統制することもできまい。

そうではない。分権化によって、政策過程は基本的に各自治体で完結するようになったとみてよい。そこで政治と行政の関わり、役割分担を認識することが重要となる。大きく政治と行政を分けると、①と③と⑤の場面は政治の役割（公選議員の役割）であり、②と④の場面は行政の役割（首長と補助機関の公務員）ということになる。もとより、これは連続した過程であり、どこまでが政治でどこまでが行政の役割だと明確に線を引くのはむずかしい。しかも政治の仕事は首長、議員が、行政の仕事は公務員が担うといった単純な役割図式にもなるまい。

だが2000年の地方分権化以来、議会は①から⑤までの多くを役所任せ、首長任せ、役人任せできたきらいがある。これまで政策や条例を提案するのは首長の役割で、議員はそれをチェックするのが役割だと考えてきた。議会が政策過程で重要な役割を期待されながら、十分でなかったのはその認識の浅さにも要因がある。③の政策決定は議会の大きな役割だが、それに加え、議会は①、③、⑤が基本的な役割であることを再認識しなければならない。官民協働の時代をにらむなら、NPOや企業、住民らも①の課題設定に止まらず、④の政策実施、さらに政策評価を住民の手で行う⑤の過程での関与も期待される。

政策――4つの類型

政策というと、新規の政策が頭に浮かぶが、しかし多くの問題領域には既に何らかの手が打たれていることが多い。新規に発生する問題はそう多いとは思えない。全体の政策体系を変える必要が出てくるのは知事、市町村長が交代した場合や大災害等で地域が急変した場合などであろう。ただ、今後の人口減少の急速な進行を考えると、施策全体を大きく変える必要が出てくるかもしれない。

実務レベルでいうと、実際の政策対応はⅰ保全型の政策、ⅱ補正型の政策、ⅲ更新型の政策、ⅳ創造型の政策の4つに分かれよう。

ⅰ保全型の政策。これは、現在の政策水準の維持が望ましいのに、事故や環境変化など何らかの原因で政策水準が下がり、そこに問題が生まれた場合、その政策ギャップを埋めるための政策対応をいう。目標とするレベルから逸脱(下降)した状態を元に戻す政策措置という意味で「保全型」なのだ。

例えば、お年寄りの寝たきりゼロを目標に設定して高齢化対応を進めていたのに、想定以上に少子高齢化が進み、目標を維持できなくなった。それに対する新たな介護福祉策などの政策対応が求められる場合がこれに当たる。

ii 補正型の政策。 これは、目標とする政策水準が設定された諸条件では達成不可能となり、目標達成に新たな追加投資や政策の追加を要する場合の政策対応をいう。政策等の追加をしなければ設定目標が達成できないという意味で「補正型」なのである。

例えば、ある道路整備について、10年計画を定め（A地点からB地点まで30㎞の道路をつくり変える）、それに沿い5年間工事を進めてきたが、5年経ったいまでも、5㎞の道路しかできておらず、もはや残る期間（5年間）で25㎞を新しくすることは不可能になった。つけ替えの用地買収の難航などが理由とされる。計画どおり、あと5年で30㎞を完成しようとすると大きな追加投資が必要となる。これに対する政策対応がその一例である。

iii 更新型の政策。 これは、現在の政策遂行に特段問題はないが、周辺の自治体や国の政策変更でその水準が高くなり、当該自治体でも目標を現在より高くしなければ住民の安全も守れず、住民が納得しない場合への政策対応である。その意味で「更新型」なのだ。

東日本大震災以後の耐震強度化への動きなどはこの典型だ。想定以上に地震の被害が大きく、もはや現在の耐震性の設定を進めるだけでは今後の安全性は確保できない。新たな建築基準に沿い、耐震性の強度目標を高めるなど、目標を変え、新たな追加政策を実行しようとする場合などが例となろう。

iv 創造型の政策。 これは、現行の目標値にとらわれず、新しい将来像を実現しようと考え、新規政策を打ち出す場合の政策対応である。白いキャンバスに絵を描いていくような政策づくりというイメージなので、「創造型」なのだ。

例えば、国のナショナル・ミニマムを政策水準としてきたが、首長の交代で自らの公約に沿って「全ての学校に地元産木材を使う」を目標とする政策展開を図ろうという場合。文科省の基準とは違う全く新しいアプローチで新規政策を立案する必要が生まれる。

政策形成とは

このように実際の政策対応は様々だが、地方自治体の現状からすると、まだ実際面ではi、ii、iiiが多かろう。しかし、それとて創意・工夫を重ねる努力を惜しんではならない。政策のバージョンアップを図ることは大切だ。

ただ、これからはトータルな地方創生策のようにivの創造型も増えよう。地域社会をめぐる変化はより激しくなり、政策のパラダイム転換が求められるケースが増えるからだ。少子高齢化もそうだし、空き家対策もそうだし、地方税の増減税などもそうだ。改革志向の首長が当選する機会も増えよう。既存のモノサシの延長の微温的な政策転換では住民が納得しないかも知れない。しかも、高度情報社会の特徴だが、「政策波及」「政策伝播」が相当速いスピードで進む状況下にある。よい政策はすぐ波及する。その点、ivの「創造

政策をつくる

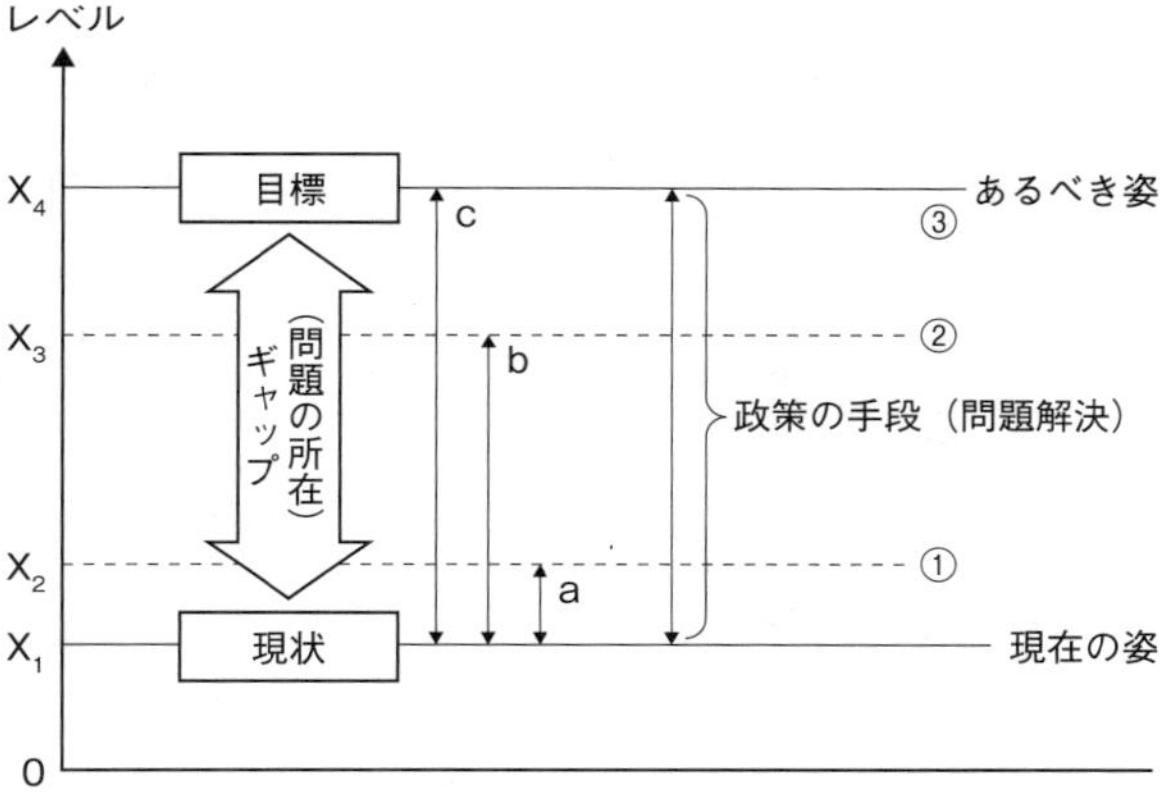

型」の政策形成が期待される場面も増えてこよう。

政策形成を理解するために、もっとも典型的な新規政策を立案する「創造型」について説明しておきたい。

その概要を図示したのが上の図である。政策の形成は大きく3つの作業過程からなる。

第1ステップはあるべき姿、つまり「目標の設定」である。

もとより、後述するようにどのレベルに目標を設定するかで、問題の所在も違ってくるが、ともかく、どのレベルであれ目標を設定するところから政策の形成作業は始まる。

第2のステップは現在の姿、「現状の把握」である。客観的にみた現在の地域の現状、政策レベルを明らかにする作業過程がこれである。

他の国や地域との比較の視点や統計分析など客観的な分析作業が必要となる。

この2つの作業過程をへて、はじめて目標であるX_4と現状のX_1との間にある「ギャップ」が明らかになる。これが解決すべき「問題の所在」ということだ。この問題をどう解決するか、その解決方法を設計するのが第3ステップの「政策手段の構築」という作業過程である。

このように政策の形成は、①目標の設定→②現状の把握→③(問題の所在を特定したうえでの)政策手段の構築という3つのステップからなる。

政策目標の設定

第1ステップのあるべき姿、目標の設定といってももとより一様ではない。選択肢として限界値、充足値、期待値の3つに分けてみよう。じつはこの判断は住民を代表する政治家である首長、議員に期待される役割だ。

1つめは、図で①と表示した限界値目標(X_2)である。これは「これ以下の状態に陥ることだけは絶対に避けなければならないという最低限度の目標値」を意味する。住民からの批判やマスコミの批判などを受けない水準をぜひ達成したいというようなもの。仮にこれを現在のX_1から数年かけてX_2に高めようとすると、X_2(限界値)-X_1(現在値）＝ａというギャップが生じ、この問題を解決する政策群が必要となる。ただ、比較的幅の小さい政策手段ａで済むかもしれない。

２つめは、図で②と表示した充足値目標（X_3）である。これは「政策目標がこの水準まで達成できればそれで一応よしとする当面の目標値」を意味する。この基準は住民の８割以上に満足をもたらすような水準の設定と考えてよい。

現行業務の量的拡充や質的なレベルアップにより、その達成を行おうといった計画づくりがなされよう。仮にこれを数年で達成しようとするなら、X_3－X_1のギャップを解消するための政策手段ｂが必要となる。

３つめは、③と表示した期待値目標（X_4）である。これは「できることならこの水準まで到達したいという希望の目標値」を意味する。

専門学会の示す科学的な安全基準とか先進国（都市）の達成水準からみて、震災対策の基準を大きく見直す場合などがその例。地域づくりでいうと、地域内での統一基準（unify）という条件を満たす意味では、住民は②の水準で満足かもしれないが、外との差別化（identify）も同時に求めようとすると、地域のイメージアップを図り、発信力の強いアイデンティティを高める思い切った政策が必要となる。それは③の水準の設定を意味し、ｃの政策手段を要することになる。

もっとも自治体の財源、人材資源は限られており、実際は多様な政策領域について優先順位をつけざるを得ない。政策の差別化、多様化が経営戦略のポイントをなすことになる。その際、どの分野を期待値とし、どの分野を充足値、限界値とするかが政治における選択肢となる。

例えばこの地域では観光を売りにする戦略がベストとするなら、その自治体における観光政策は③の期待値に、住民の満足度を重視する福祉・教育は②の充足値に、農業政策は農家から不満が出ないレベルで対応するなら①の限界値に設定することになろう。

政策の優先順位を決める、これは政策間で①か②か③かの選択をすることを意味し、実は民意を反映した政治の重要な役割となる。地方議会での審議もこの点をめぐる議論がもっとも大切となる。各地域、各界、各層から選ばれた議員の腕の見せどころがここだ。

政策の手段

では、問題解決の政策手段はどのようなものがあるか。大きく5つに類型化されよう。

①権力的な手段：法律や政令、条例、規則の制定など法的手段を通じて行われる方法がこれで、国、自治体という公権力の主体にとって一番強い政策手段である。多くは民間活動を規制するいわゆる規制行政において用いられる手段だが、これは法的な権限に基づい

て対象者に一定の行為を義務づけ、それに従わなかった場合には、強制的に罰則を科すことであるべき方向へ導こうとするものである。

この手段は、対象者に対し強制力が働く点で効果の確実性が高い。しかし反面、権利侵害の可能性もあるだけに、法的要件の構成と適用には慎重さが要求される。自治体でも条例規制が増えている。いかにして権利侵害なく政策効果を生み出すか、この手段の有効性が期待される。

②経済的誘因の提供：企業でも住民でも、自らの利益になるか否かの損得勘定で行動するのが一般的である。そこである行動を促したいときはプラスの利益を付与し、逆にそうした行動へ走らないようブレーキをかけたいときはマイナスの利益を付与する。そのことで政策目標を達しようという政策手段がこれである。

行動を促す（プラスの誘因提供）手段として補助金や奨励金、利子補給、税の減免などがあり、ブレーキ（マイナスの誘因提供）として特別課税や負担金、制裁課徴金の賦課などがある。たとえば、環境にやさしいエコ社会をつくろうとするなら、エコカーに切り替える人に補助金減税を行う方法がこれである。

③情報の提供：行政の行う広報（ＰＲ）や行政指導といわれる方法がこれである。これは、人々は一定の情報に基づき行動を選択し、決定する――この行動原理を捉えて、一種

の情報操作を通じて政策目標に誘導しようというものである。

その場合、相手を特定せず、大衆を相手に行う広報、宣伝活動がPRである。他方、地域や業界、特定の住民など相手を限定しての情報提供は行政指導と呼ばれる。相手を説得し、同意を得て期待する行動へ結び付けようというものだ。いずれも法律、条例などに基づかず行政官庁の意思に基づいて行われ、それに従った結果、損失等が生まれても訴訟等の手段に訴えることができず損害賠償の請求がむずかしいとされる。

とはいえ、日本の場合、国・地方とも行政指導が多用されてきたことは事実である。

④物理的制御：公園へのクルマ進入禁止や道路の中央分離帯設置のように、人々の行動を物理的に一定方向へ向けるよう環境操作を行う方法である。確かに効果の確実性も高く、職員と相手とが直接接触しないだけに感情的摩擦も生じにくく、行政としてとりやすい手段である。

しかし、機械的適用は機械的結果しか生まない。公園へのクルマ進入禁止のためにコンクリートで出口を狭くした結果、公園内で発生したケガ人を搬送する救急車が進入できないなどの欠点が考えられる。よって、物理的制御は限定的な場面でしか採用できない。

⑤サービス等の直接供給：これは、行政が直接事業主体となって行う行政活動で、民間を補完する分野、民間ではできない分野、民間がやってはならない分野について、行政が

直接サービスを提供する方法である。行政固有の政策領域といってもよいが、古くは国防、治安、司法に限定されていたこの領域も、いまや「揺り籠から墓場まで」で福祉、教育、文化、さらには道路、橋、港湾など社会資本の整備に至るまで活動領域は実に広い。政策形成時はともかく、時間が経ってもそれが本当に行政の直接行うべき事務事業であるかどうか、よく検証しなければならない。マンネリ行政は避けるべきだ。

ともかく、こうした5つの手段を組み合わせて政策対応しようというのが行政活動である。ただ昨今、権力的手段の多用には「規制緩和」が求められ、過剰な経済的誘因の提供には「過保護行政」との批判がなされ、補完行政には「民業圧迫」との視点から官業撤退が迫られる状況にある。さらに行政の直轄事業には「非効率」「ムダ」との批判も強い。官から民への規制改革の流れはそれを打破しようという改革論議である。

人口減少と経営シフト

人口減少は大きく地域のあり方、自治体のあり方を変える。基本的に自治体経営の方向は縮小化減量化政策への転換である。政策を実施するには財源（カネ）を必要とする。経済成長が期待される右肩上がり経済の時代は「出るを量って・入るを制する」を行政の原理としてきた。これは財政の原理でもある。しかし、これは執行の論理ではあっても経営の論理ではない。なぜなら、住民からの需要を与件とおき、それを満たす財源が不足なら増税するか、国に陳情し補助金を引き出すか、公共料金を値上げして必要財源を満たすかという「執行賄い」の考え方に基づくからである。

地方自治体に経営という視点を入れ込んだ時、果たして従来の行財政原理でよいかどうか。経営とは最小の費用で最大の効果を挙げるべく、独自に定めた経営マインド（理念）に基づき、経営システム（体系）を構築し、自らの経営ノウハウ（技術）を駆使して、組織目的の最大化を図る行為である。そこに必要なカネはいつでも集まるという発想法はない。必要なカネも集まらない、借金しても返せないかもしれない。自ずと「入るを量って・出るを制する」経営原理が支配することになろう。

この原理自体、民間企業の経営原理だが、行政経営も類似の考えを採る必要に迫られている。とくに分権化により、自己決定・自己負担の原則が強まれば強まるほど、住民負担の限界を意識しながら政策を組み立てる必要がある。

自治体経営者の課題は、みずからの理念に基づいて独自の経営を組み立て、その結果について経営責任を明確にできるかにある。ここでいう経営責任には、執行機関の首長ないし主要部課長のみでなく、もう一つの政治機関、地方議会の各議員の責任も含まれる。

政策手法の転換

与えられた政策を執行するのではなく、自らつくった政策を執行し責任を負う、これが自己決定・自己責任としての政策経営である。

自治体の経営は、自治事務が8割へ飛躍的に拡大したなか、どのような戦略で裁量権を生かしていくのか、政策官庁として主体性が期待される。これと深く関わるが、地域づくり、まちづくりを地域経営の視点から組み立てることも大事である。市町村に都市計画の権限が大幅に移譲されている。これまでの省庁ごとのバラバラの補助金を使ってのまちづくりではない、トータルな視点をもった戦略構想が求められる。

加えて、行政は政策スタイルを変える時にある。これまでは「お客様は神様だ」という消費者主権の考えに沿って、住民の要求をあたかも聖域のように扱ってきた。増大する行政需要にもっぱら行政サービスの供給量を増やすことで対応してきた。福祉需要の増大には福祉施設の増設で、自動車交通量の増大には道路整備で、生活雑排水による河川の汚濁には下水道の整備でといった具合に。これを右肩上がりの時代の発想と受け流す風潮があるが、実は政治家は「サービスは大きく、負担は小さく」の発想が身に沁みついている。この発想で票を集めてきた。だから、この転換は言うは易く、行うは難しだ。

政策を磨くこと

まさに「出るを量って・入るを制する」論理の展開がこれまでの方法だ。財源不足は増税と料金値上げと借金で賄えという考え方。結果として、これが仕事を膨張させ、組織、職員、財政を肥大化させてきた。大きな自治体出現のメカニズムがこれである。

これからはそうはいかない。「小さな自治体」づくりをめざす時代だ。少子高齢化は急速に進む。半数の市町村は20年もすると人口が半減する。20年後に高齢者比率は約30％となり、老親扶養率が現在の約3倍の25％以上へ急増しよう。財政上カネのない社会へ向かう。高齢者の働く機会を増やす方策や工夫も必要だが、基本的にはカネのかからない行財政運営へ舵を切ることが大切である。

あと追い、需要対応型の政策運営ではなく、予防型、代替型の政策対応によって行財政需要の削減・抑制をする方策を考えるべきだ。民間の資源を行政がうまく使って別の政策を生み出す、政策リサイクル、政策リンケージの発想も大切となる。

その方策は大きく3つ考えられよう。

第1は「規制政策」または「予防政策」。

住民の健康診断を徹底することで医療需要の削減をめざす、結果としてそれが医療行政の負担を減らすことになる。男性にも育児休暇制を普及させ、会社に保育所の設置を義務づけ、それを支援することで公的な乳児保育需要の発生を抑える。このように需要の発生圧力を減らすことで行政の仕事を抑制できる。

第2は「助成政策」または「民活政策」。

民間の学校や病院、福祉施設に助成金を出すことで民間サービスの供給量を増やす。結果として、公共（自治体）がそれらをつくらなくても済むようにする。地方都市など民間の力が弱い所だと、この方式がどの程度可能か心配もあるが、何が何でも官活のみで対処するという発想では民間自体が育ってこない。むしろ公共分野で活躍できる民間を育てるよう、ビジネスチャンスを広げる努力と工夫が不可欠だ。

第3は「負担政策」または「減量政策」。

ゴミの減量化に向け、収集手数料の有料化を図る、リサイクルを進めるといった方式もその一つ。この発想を各行政分野に応用したらどうか。群馬県太田市では、清水聖義市長の音頭で古紙回収を自治体が行い、その売上代金で高齢者へ電動式ベッドの無料貸し付けをしている。こうした一種の政策リサイクルの手法は世に大いに広げる必要がある。

水道料金を値上げして節水効果を期待する、公共駐車場の料金を引き上げ中心部への車の進入を減らすというように、負担心理に圧力をかけ行政需要への跳ね返りを減らすことも大事だろう。企業にも生産、流通段階で様々な義務付けをしたらどうか。自動車のスクラップを減らすには頻繁なモデルチェンジを認めない、リサイクル率を上げるには酒・醬油・ジュースのビンの規格を統一する、過剰包装を追放するなど生活レベルから変えることが大切である。

もとより、こうした政策手法の転換には住民の理解と協力が不可欠で、基本的に選挙の際に住民に選択を迫らなければならない。それは首長、議員の選挙に不利に働くかもしれない。しかし、いつまでも耳ざわりのよい話ばかりでは済まない。「あれもやります、これもやります」から、「あれをやめます、これもやめます」と渋い話もしなければならない。それが政治である。政策リサイクルの発想を徹底する、そうした知恵を出す時代だ。各地域、各層から選ばれる議員の腕の見せ所は、1人しかいない首長に対し、例えば30人が知恵を出し合い、それを修正、バージョンアップしていく場面だ。出番はいくらでもある。それが地方議員の活躍の場である。

政策評価とは

議員から、よく決算委員会ほどつまらない委員会はないというボヤキを聞く。果たしてそうだろうか。カネの使い方の経済性、効率性、効果性が重視される中、むしろ決算委員会ほど充実すべき委員会はないのではないか。少なくとも住民の目にはそう映る。

Plan → Do → See の政策過程の中で、See の場面が政策評価である。

右肩上がりの戦後期は、新たな計画やプロジェクトをつくること、新規事業、新規予算を獲得することに強い関心が持たれてきたが、ここにきて計画やプロジェクトの見直し、廃止、予算の減額など、むしろ小さな政府をめざす構造改革が求められている。日本の行政の弱点は政策評価を行ってこなかった点にある。これが予算消化の組織風土を生み、予算ぶんどり競争を生み出してきた。いまの政府の安倍政権にも、この古い体質が見え隠れする。

だが、もうそうした時代は終わった。しかも人口減少の時代である。住民のお任せ民主主義、観客民主主義も終わりだ。これからは政策評価、会計検査、決算評価が大事な時代である。東京の杉並区の議会では、ある会派がリードして決算委員会で事業の仕分け、政策評価を議員らが積極的に行っている。これに学ぶことは多いのではないか。もとより、予算にせよ、政策にせよ、それが効率的に執行されているか、効果的な使い方であるかを評価することは、そう簡単ではない。

政策評価といっても政策決定の内容自体を問題にする「政治評価」のレベルから、政策目標に対し実施効果がどの程度上がっているかの「政策評価」、さらには民間委託の有効性や能率・節約などを評価する「行政評価」（業績評価）のレベルまである。

このように厳格な意味で政策評価を一義的に議論することはむずかしい。民間企業の場合、利潤というモノサシを評価基準にできるが、行政の場合、公共福祉の最大化という組織目的の実現度を評価する基準はなかなか確立しにくい。

政策評価の基準

会計検査や監査も政策評価の視点を入れるようになってきた。従来の予算書どおり決算が行われているかどうか、といった帳簿検査ではない。

政策評価の基準は4つである。legality（合法性）、economy（経済性）、efficiency（効率性）、effectiveness（有効性）がそれだ。これを、それぞれの頭文字をとって「1L＋3E」という。

会計検査・監査を政策評価の視点でいうと、1L＋3Eの基準はこう説明できる。まず①個々の会計経理が法令・予算・会計規則、経理慣行に照らして合法的（legality）であるかどうか。次に②同じ成果をもっとも安い経費で達成できているかどうかの経済性（economy）で評価する、また、③同じ経費でもっとも高い成果を上げる方法が採られているかどうかの効率性（efficiency）で評価する、さらに④その施策ないし事業計画の所期の目的が十分達成されているかどうかの有効性（effectiveness）で評価するのである。

ひとつ文化ホールの建設を例にしよう。

法令上問題はなく、予算にそって競争入札が行われ、工期内で建物が完成したとしよう。1Lと、経済性、効率性の2Eは基準を満たしたとして、最後のEである有効性はどうか。かりに年間の利用率が30％に止まったらどうか。住民からみると、ニーズに合っていないムダな市民ホールではないか。大ホールはほとんど使われない、小ホールは少な過ぎる。結果として市民ホールは敬遠され、多くの住民活動は既存の公民館を利用して行われてしまう。

こうした例がないだろうか。バブル期に各地では、博物館、美術館、音楽ホール、野球場など多くのハコモノをつくった。公立大学も増えた。しかし、その維持費に苦しんでいる。国の補助金を使うためにつくられたようなハコモノは有効性基準からすると極めて評価が低い。いったい、これをどう活用するか。補助金の目的外使用と批判されるかもしれないが、福祉施設や教育施設、保育施設など地域がもっとも必要とする施設へ転用できないか。とくに合併後の市町村で、7割も空き施設があるハコモノを施設転用することで各地域の施設を住民満足度の高い形で再利用することは、合併効果を生み出す点でも不可欠なことである。

説明責任(アカウンタビリティ)

結果責任について、アカウンタビリティ(accountability)という言葉がよく使われる。いわゆる説明責任だが、しかしこれは単なる説明をする責任ではない。不満、疑問の解消に役立つよう徹底的に説明することだ。いつの世も建築違反、食品の不正、商品偽装、銀行倒産、政治資金の流用、役所の汚職、官製談合、建築の耐震偽装、建築物基礎のくい減本、年金納付率偽装、オレオレ詐欺など、問題を起こす事案は官民問わず枚挙に暇《いとま》がない。

地方分権を進める理由の一つは行政責任の明確化にある。もとより行政責任の明確化は、政治家や公務員にとっては当然の責務。住民の信託に基づいて行う公共政策は税金で賄われている。その使途、結果について報告することが代理人である政治家、公務員の義務だからである。政務活動費の使い方ひとつとっても問題が多い。説明責任は不十分だ。ただ、どの範囲までが行政の責任なのか、その境を明示するのは意外にむずかしい。

例えば、本来行政が行うべきホテルや住宅、マンションの建築確認の仕事を民間機関に開放する「規制緩和」をしたら、建築士がマンションやホテルの鉄骨本数を大幅に減らす耐震強度偽装事件が起こった。というのも、チェックすべき民間検査機関がそれを見逃し、建築主(販売主)と建築士と確認機関の三者が癒着関係となり、それぞれに利益を上げる行為に走ったからである。最近のマンション基礎工事のくい打ち不正も類似だ。

このマンション建築の耐震強度偽装事件に政府はあわてて対応した。まず建築基準法を改正し、新しい建築士制度や免許更新制を創設。そして居住者らにマンション建て替費用の相当部分を負担する約束をした。確かに居住者の安全を考えると仕方ないかもしれない。しかし、企業責任も行政責任も明確にしないまま、住民補償だけを優先することに批判が集中した。この事件は、バブル不況下で行われた「官から民へ」の規制緩和を逆手にとった、儲け主義者による民事事件である。その背後には、行政が本来担うべき建築規制業務までを民間に開放した、行き過ぎた規制緩和がある。ミニバブルに小躍りし、ビル建設ラッシュに沸く、アベノミクスに対する警告と言えないか。

確かに規制緩和は必要だ。しかし、それは経済活動の自由を阻んでいる経済的規制の領域にであって、衣食住のセーフティネット、安全安心を守る社会的規制にまでは及ばない。むしろ生活の安全を脅かす領域には、もっと強い社会的規制が必要な面も多い。

違反者を見逃すな

違反行為にはルールを知らないために犯す悪意なき違反ものもあるが、この例は違う。建築行為に課せられた義務の存在を知りつつ、摘発可能性が低いとみて、利己的な動機で違反行為を繰り返した悪質な儲け主義者によるものだ。その被害補償を、なぜ関わりのない大衆の税金で穴埋めしなければならないのか。これが一般人の感覚だ。この事案とてアカウンタビリティは果たされないままである。アカウンタビリティとは、大まかにいうと業者や代理人（公務員ら）が行った行為について本人（消費者、住民ら）が不満な場合、その不満・不信を解消するよう説明する責任を指す。

もっとも行政責任は無制限ではない。ややもすると景気が悪いのも行政の責任、学生が就職できないのも行政の責任、伝染病が蔓延するのも行政の責任、不登校が増えるのも行政の責任、犯罪が増えるのも行政の責任といったように、責任の範囲は広がる可能性がある。行政不信を生むような議員の不祥事が次々と明るみに出てくることもあって、住民は「無際限」に不満をぶつけてくる。しかし、国、自治体の責任はそのように無際限ではなかろう。住民が税金を負担し公共問題の解決を委ねた範囲内で、行政責任が問われるはずだ。

とはいえ、行政が公権力を背景に住民に泣き寝入りを強要してきた時代は終わった。しっかりと自らの行為について、公僕として、政策の失敗、税の不正についてアカウンタビリティを果たす必要がある。議員自身が、自らとった採決態度、カネの使い方、さらに政策提案の結果についてきちっと説明する。その説明能力も議員の重要な資質となる。

議員は言いっぱなしでよいか

議員は質問をしっぱなし、立案しっぱなしでよいか。アメリカやカナダ、イギリスをみると、議会に一定の執行責任を負わせる仕組みをとっている。例えばガルベストン市（アメリカ）では、議長が市長に就任し議員が部局長に就任する。またサリナス市などアメリカの比較的人口規模の小さな市では、市長は公選でも議会がナンバーツーにシティマネージャー（市支配人）として行政専門家を任命している。カナダのトロント市では主要部局長に議員が就任し、合議制の評議員会を中心に市政を運営している。

日本は、戦前からの経緯もあり、あまりにも首長中心主義で、議会に執行責任を負わせてこなかった。そのことが議員集団を政策集団に成長させられなかった大きな理由かもしれない。最近は議員の採決態度について市民が採点する動きもある。そうしたことも含めると、これから議員は自らの行動について、アカウンタビリティを負うと考えられる。

もし議員に執行機関の監査やチェック機能だけを期待するなら、会計士や弁護士、ジャーナリストなど専門の監視員を雇えば足りる。一つの自治体で50〜60人も議員を擁し、1000万円近い高額報酬を支払い続ける必要はなかろう。

議員に説明責任あり

往々にして行政の対応に住民は満足しない。その場合、住民は行政に対し、なぜその程度しかできないのか、なぜそんな結果になってしまうのかを問責する。その問いに対して行政側に生じるのが、アカウンタビリティである。

多くの場合、この矛先は執行機関（首長や職員）に向けられる。しかし、議員は「言いっぱなし」で済むのだろうか。議会は首長と対等な政治機関である。議会の決定があって初めて首長に執行権が生まれる。自治体の主要な決定である条例や予算、契約は議会が行っていることを忘れてはならない。

議員は選挙でいろいろ公約項目を並べて当選してくるが、その公約に対する責任感も、自分の採決態度に対する責任感も薄くはないか。心ある議員は、そのことに悩んでいる。それぞれが政党・会派という集団に属し、その政党・会派の意思に従っていれば自分の採決態度にアカウンタビリティなどは生じないとでも考えているのだろうか。

基本的にこの態度は誤りである。大統領制下の議会は、議員個々の採決態度を重視しており、会派（政党）とか、集団の意思というものを問題にしてはいない。与党、野党という意識自体も間違っている。その点、議員は選挙公約にも個々の案件、予算案などに取った自分の採決態度、質問した内容に対してもアカウンタビリティを負うものである。

議員も議会も情報を開示し、その理由を示し、住民が納得するように説明し、さらには釈明につとめなければならない。

繰り返すがアカウンタビリティを「説明責任」と訳しているが、これは単なる説明ではない。不満を解消する責任だ。ここで議員に問われる能力は答責能力だ。もし行政の答責能力が不十分で住民の納得が得られなければ、議員ないし議会は制裁を覚悟しなければならない。辞任を含め、責任論は制裁的責任のレベルに達する。

身近な自治体で、独自に政策がつくられ予算が編成される。そのことは住民の参加や監視が可能という点で、民主主義の進歩にとっても望ましい。だが、そこで働く代理人としての議員が、自分らで決定した内容をひとえに執行機関の責任にしたり、会派（政党）の責任にして自分の行動に対する説明責任を免れるようでは、分権時代の議員像からは程遠い。

地域の政策や予算、条例、契約を決める議会が機能しなければ、そのツケはそのまま地域住民に跳ね返ってくる。分権時代の地方自治は自己決定・自己責任が原則であり、そこでのカネの使い方や政策の決定は国のあり方にも直結する。しかも日本の場合、行政予算の約3分の2は地方で使われている。これだけ地方の活動量が大きい国はカナダと日本ぐらい。これを決定する地方議員は公共経営の主たる担い手だといっても言い過ぎではなかろう。首長と並ぶ自治体経営者、それが議員である。そのことを自覚したい。

第7章 「大阪都構想」と地方民主主義

住民投票の意義

議会は間接代表制の装置だが、機能不全が目立つ面を否定できない。そこでそれを補う形で直接参加、それも住民投票による意思決定への参加が見直されるようになってきた。もとより、「われわれが代表機関だ」との意識の強い地方議会は、住民投票を嫌う傾向がある。住民に決定権を奪われるという心理的理由が大きい。しかし、アメリカなど地方自治が成熟した国をみると、そうとは言えない。議会と住民投票はある意味、棲み分けができており、むしろ補完関係にあるとみてよい。

90年代後半以降、原発施設、米軍基地、産廃処理施設のような、いわゆる迷惑施設の建設をめぐって住民投票が行われたのは記憶に新しい。その後、病院や図書館の建設、庁舎移転も住民投票で問うケースが増えてきた。日本では抵抗型運動のひとつの手段として、推進者からは歓迎されない意思決定の方法とされた。ただ、いわゆる住民投票らしい住民投票が集中的に行われたのが市町村の平成の大合併である。2000年から2010年にわたる平成の市町村合併において400近い地域で住民投票が行われた。1票でも多い方の結論に従うという点で、必ずしも反対運動の手段という使い方ではなかった。

最近の考えさせられる住民投票の例を挙げよう。東京都小平市で2013年5月26日、都道整備計画見直しの是非を問う住民投票が行われた。市民が署名を集め、その結果条例ができて、という手続きを踏んだ東京で初めての住民投票であった。平成大合併の時とは一味違い、基礎自治体で暮らす住民の自然を守りたい気持ちと広域自治体としての都の計画執行とのはざまで問われた暮らしのあり方に関する住民投票だった。

さて結果はどうだったか。投票率は35・17%であった。住民投票条例をつくる際、50%を超えないと開票しないという市長の方針が示されていた関係で、5万1000名余が投票所に足を運んだにもかかわらず、開票されなかった。開票しても「民意」とはいえないという理由で。35%そこそこでも開票してしまえば、例えば反対票が8割を占めたということになると、都道整備を受け入れたい市側に大きな足かせになると踏んでの判断であろうか。

役所の論理としてはありうる判断だし、住民の代表は議会だと確信している議員らも住民の直接参加で事実上方向が決められてしまうことを嫌う傾向にある。その点、議会も開票なしでホッとしているのかもしれない。

しかし、どうだろう。「住民自治」というのは一体何なのか。議会で決めることだけが住民自治なのか、その議会は住民の民意をくみ上げて判断しているだろうか。少なくもこの小平市の案件をみる限り、機関として議会が住民と地区ごとに対話集会などを開いた形跡はない。

そこで考えてみたい。まず、住民投票の開票要件として50％の投票率というハードルを課す意味についてだ。住民が直接参加して決定する機会として、自治体の執行機関である市長を選ぶ選挙があり、議決機関のメンバーを選ぶ議員選挙があるが、多摩地域の場合、近年、総じていずれも投票率が30〜40％そこそこである。例にもれず、小平市の１９９３年以降の５回の市長選の投票率も、93年４月の38・７６％以後、27・５３％、40・５５％、40・８２％、39・３１％、そして２０１３年４月７日の37・２８％と続く。直近の市長選の投票率と今回の住民投票の投票率に２・１１ポイントの差しかない。

市長を選ぶ際、住民の半数以上が参加しない選挙は無効として再選挙する国もあるが、日本は政治家を選ぶ選挙にそうした適用はない。かりに37％の投票率で有力候補が真っ向から対立した場合、有権者の20％、５分の１の支持をえれば、勝った勝ったと勝利宣言をし、市長の座に就くことができる。これが果たして民意なのか、どうも怪しい。

住民投票3つのタイプ

なぜ、住民投票だけ投票率50%という、市長選でも議員選（ここ5回の平均は47%弱）でも、クリアしたことのない数値を持ち出して民意を葬り去るのか。しかも、今回の住民投票は「諮問型」といって、参考意見という扱いに過ぎない。住民自治の大切な機会を権力者が踏みにじっているようにみえる。35%でも開票してよかったのではないか。50%を超えていても、どうせ参考投票の扱いに過ぎないのだから。この辺が日本の建て前と本音の乖離《かいり》しているところ。住民に市政が翻弄されることを極力避けたい気持ちが市側にあったのではないか。住民の自治からはほど遠い姿と映る。

住民投票には、大きく①諮問型、②決定型、③二重審査型の3種類がある。日本で多く行われるのは今回のような①のタイプ。これは住民の意見を参考として確認するに過ぎない方法。②のタイプは首長と議会が対立し意思決定ができない場合など、住民に「決定」を丸投げする場合などに使われる。地方議会が住民投票を嫌うのが日本だが、アメリカの自治体はそうではない。③のタイプを採用している。

アメリカの住民投票はより成熟度が高い。アメリカの市町村は、①市民税の増税、②市民税の減税、③新たな新税の創設、④起債の発行（借金）、⑤区域の変更（隣地区域の編入など）については、議会の議決を「案」として住民投票に掛け、半数以上の賛成がなければ廃案になるという、議会、住民の二重審査制を採用している。これだと議会も住民の意思から大きく離れた議決はできないことになり、議員の投票行動をしばる効果まである。議会の決定が民意から離れることを防止すると同時に、住民生活に関わることは事実上住民が決めるという考え方からだ。住民自治とはそういうものではないのか。

そうした拘束性の高い住民投票は日本ではあまりない。ただ条例に基づく住民投票は1996年新潟県巻町《まきまち》（現在は新潟市）以降、全国で400件以上、実施されてはいる。条例に基づく住民投票は、投票権ひとつとっても多彩になっている。2016年夏の参議院選から選挙年齢が「18歳以上」に拡がるが、すでに住民投票では「18歳以上」はめずらしくない。永住外国人も対象にしたり、北海道奈井江町《ないえちょう》のように小学生まで含めた場合もある。

一方で、条例が根拠になるので、法的にみると首長や議会は結果に従わなくてもいい。平成の市町村合併で多く見られた、いわゆる諮問型の住民投票では、賛成票が多数になったのに議会がその直後合併議案を否決した事例も少なくなかった。

住民投票の制度化には、議会が反対しがち。自分らの決定権を拘束ないし制限されることを嫌ってだ。しかし、議会制民主主義を補完する手段として住民投票の役割はますます高まっていくのではないか。候補者不足や投票率の低下など地方政治の空洞化が著しいからだ。住民投票はみんなが参加できるという意味で、地域の課題に対する有権者の関心を高めるという意義もあろう。

いずれ、アメリカの二重審査型に学ぶべきだ。間接民主制の補完として直接参加制を加味する方が住民自治は深まるからである。

大阪都構想と住民投票

さて、住民投票について基本的な考え方を押さえたところで、住民投票が脚光を浴びた大阪都構想について点検しよう。

大阪市の廃止、特別区の設置をめぐって2015年5月17日に法律（大都市地域特別区設置法）に基づく住民投票が行われたことは記憶に新しい。これは1票でも多い方の結論に従うという意味で法的な拘束力をもつもの。実際は約1万票、反対票が上回ったことで大阪都構想はストップした。結果はともかく、大阪市民は住民投票で大都市制度のあり方はもとより、地元の自治体がどんな役割を持ち、納めた税金がどう使われているかなど多くのことを学んだ。一人ひとりが参加したことから、地方民主主義のよい学習機会ともいえる。

「大阪都構想」をめぐり、270万都市で初めて行われた法律に基づく住民投票。これは大阪市廃止、特別区設置を府、市両議会で決定した後、「府市統合の協定書」に基づく内容の「賛成」「反対」を問うもので約210万4000人の有権者を対象に行われた。

「大阪都構想」は２０１０年に橋下徹氏（当時は大阪府知事）が立ち上げた地域政党・大阪維新の会が党是として掲げた構想。これは、大阪府と政令市である大阪市を統合し（「府市統合」）、強力な広域行政体を設置することを目的とする。その際、大阪市は廃止され基礎自治体である５つの特別区に置き換わる。

ねらいは「大阪府と大阪市の二重行政の解消」。そして大阪の復権であるが、既存の政令市を解体するなどの大胆な統治機構改革をめぐってそれぞれの議会、法定協議会、住民投票の間で政治闘争が繰り広げられてきた。

住民投票の結果は反対票が賛成票を上回り、否決された。この結果を受けて、「大阪都構想」の議論の場であった大阪府・大阪市特別区設置協議会は正式に廃止された。しかしその後、２０１５年11月22日に行われた府知事、市長のダブル選挙において維新公認候補が両方とも当選。都構想について「議論を復活させる」ことに賛成の票が多く出たといえる。この先、再び都構想をめぐる住民投票が行われよう。

ともかく大阪都構想推進派の「維新」（大阪維新の会）対「反維新」（自民、民主、公明、共産）の戦いが一つの争点をめぐって延々と続いてきたのが「大阪の乱」である。これを読み解くと、議会の会派のあり方、住民投票の意義、首長選挙のもつ意味が理解される。

住民投票までの政治過程

府市合体、特別区設置をめぐる協定書の作成は市長、知事及び18名の議員（府市各9名）からなる法定協議会で議論され、議決されなければならない。しかし推進派の大阪維新の会（以下、維新の会）は議会でも法定協議会でも必要な過半数を占めていなかった。そのため、公明党の協力を得ることが不可欠であった。しかし、2014年1月31日の法定協議会で、公明党が維新の会の提案に対して反対に回ったことから、維新の会は法定協議会で議決できなかった。

この法定協議会での意見対立は、橋下徹大阪市長らが目指す2015年4月の制度実現を困難にするもので、この段階では大阪都構想は事実上頓挫したと捉えられた。

しかし、同年2月3日、橋下市長は「大阪都構想の設計図づくりがストップさせられた」「民意の後押しを受けなければならない」として市長を辞任し、出直し市長選を行うと発表。自民・民主・公明・共産の各党は、市長選に対する対立候補を立てることを見送り、独り相撲と言われながらも出直し市長選が同年3月に行われた。投票率は23・59％と過去最低であったが、「民意」を背景に、維新の会は、過半数を占める大阪府議会の議会運営委員会で、府議会から選出されている自民、民主、公明の法定協委員を維新の会の議員に差し替えて、法定協の過半数を確保する手段に出た。

市議会から選出された反対派の委員が全員欠席するなか、全会一致で維新の会の主張する「5区・分離案」が承認され、協定書が決定された。その協定書は国に提出され、同年9月に、総務大臣より「法令上の不備はなく容認できる」との意見書が交付された。ただ、与野党の対立で府・市両議会が混乱していることについて、「関係者の間で真摯に議論するように」との助言書も交付されている。

協定書は、2014年9月25日と10月1日に、松井一郎府知事と橋下市長により、それぞれ大阪府議会、大阪市議会に提出されたが、自民党・民主党・公明党・共産党の反対により、協定書は両議会でそれぞれ否決された。その後、公明党が「住民投票を行うことについては賛成する」として、住民投票を決める議会での承認について賛成に転じ、2015年1月、改めて開かれた法定協議会で協定書が承認され、同年3月の議会での承認を経て、実現の是非を問う住民投票へ向かったのである。

こうして、2012年にできた「大都市地域特別区設置法」に基づく、政令市廃止を問う全国初の住民投票となった。2015年5月17日に行われた住民投票は、投票率が66・83%、賛成票が有効投票の過半数を満たさず、反対票が約1万票上回って否決され、いったん廃案になるのである。しかも大阪市の南北によって賛否がはっきり分かれたのが、今回の住民投票の結果である。これが何を意味するか見方はさまざまである。

ところがその後、2015年11月22日の府知事選、市長選で再び大阪都構想の議論を続けるべきだという公約を掲げた維新の会勢力が大勝する。大阪ダブル選の争点は、中央政界まで巻き込んだ6年余にわたる改革派「維新政治」の継承かストップか、5月の住民投票で否決された「大阪都構想」の復活か否定かの2つが争点だった。投票率は住民投票に比べて15ポイント以上低かったが、結果的には大阪の有権者は住民投票から半年後に一転して「前に進める」維新政治を選択したことになる。

現場でみた住民投票

住民投票が僅差だったとはいえ、なぜたった半年で、「民意」は翻ったのか？　さまざまな背景があろうが、ここでは住民投票の持つ性格に絞って1点だけ指摘しておきたい。住民投票を前にタウンミーティングなど改革構想を進める橋下陣営の運動と、ワンポイントで改革の問題点を指摘する反対陣営の運動の現場をみた筆者の印象である。

行政の仕組みを大きく変えること（統治機構改革）を、ふだん考えてみたこともない一般市民に直接聞くというやり方がいかに難しいことか。

例えばこうだ。この構想が実現すると、地下鉄の敬老パスがなくなりますという風評が流れると（実際はなくならず、半額負担となる）、それだけでお年寄りは反対！

また、市域を5つの区に分けると越境入学ができなくなり、隣区の市営住宅に入れなくなるといったデマが飛ぶと（実際東京でも相互融通している）、それだけで反対！お年寄り、子育て中の女性、補助金を受けている中小企業者など、既成の仕組みの中で日常を送っている人々にとって「変わることへの不安」は強い。橋下氏もそこは分かっていた。筆者に「佐々木さん、だんだん投票日が近づくにつれ、人間の保守性が顔を出してきますよ。だから1ヵ月前、世論調査でリードしているという数値が出ても、1ヵ月後は逆転しているかも知れませんよ」と語るなど、クールにみていた。

歯がゆい感じがしたのは、一般市民は構想全体のメリットや、住民から遠い巨大市に代えて、身近な公選区長や議会制度を有する基礎自治体（特別区）を置くことで民意をきめ細かく反映し住民自治を充実させようという、民主主義にとって大事な制度設計などには目もくれないことだ。

確かに反対陣営のネガティブキャンペーンも振るっていた。「一つでもウッと何か引っかかることがあったら、反対しましょう！」のビラが撒かれた。これは意外に効く。というのも、すべて賛成項目だけが並ぶ改革などあり得ない訳だから。要は相対的にいずれのメリットが大きいかだが、そうした目は持ちにくい。

三年余、大阪市、大阪府の特別顧問として構想の作成に関わってきた筆者からすると、大阪都構想は、将来の大阪を発展させるための夢のある構想だった。しかし、時間の経過と共に、大阪市廃止、特別区設置という行政改革の話になり、住民投票の日が近づくにつれ、「大阪市存続か」「大阪市廃止か」の市役所廃止の是非論に堕していった。この矮小化されていった変容過程のなか、有権者は「市を残せ！」に傾いたように思う。

大阪の衰退止まらず

反対多数だった結果をみて、筆者はメディアの取材に次のようにコメントした。

「特別区の住民サービスはどうなるのかという市民の不安を払拭できなかった。それに安倍政権下での上向きな景気に、現状のままでいいという保守思考が働いたのだと思う。100年に一度の改革の機会を失ってしまい、非常に残念。東京への一極集中をなくし、日本を分散、分極型の国に変えることもできなくなった。それを考えると、日本の将来にとって大きな損失だ。大阪は改革しないという保守的なメッセージを国内外に発信したことになり、今後、企業が大阪に投資しようとしなくなることが懸念される。大阪の右肩下がりの現状は打開できない。」（読売新聞、2015年5月18日朝刊）

「都市の仕組みを変えるという試みは目に見えないもので、分かりにくさがあったのではないか。また、都構想は、基礎自治体をつくりきめ細かな住民サービスの提供をするということと、『大阪都』が司令塔となり税収増や若者の雇用増など広域的な成長戦略を打ち出して大都市・大阪を発展させるという2つの意味があるが、『特別区』の話に傾斜しがちで、都政のセールスポイントがあいまいで魅力ある全体像を打ち出せなかったのも、市民の理解を得られなかった大きな要因ではないか。」(産経新聞、2015年5月18日朝刊)

公職選挙法が準用されるとはいえ、最終局面で誹謗中傷の飛び交う票の奪い合いのような住民投票が行われた現実を前にして、この先、安倍政権が狙う憲法改正の国民投票が果して民意を反映する方法として、わが国でうまく機能するのかどうか疑問が残った。要は、本質を理解しないままの住民に踏み絵を迫るやり方が、ほんとうに正当性を持った結論を導くのかどうか。マスコミの扇動などに乗じた単なる大衆操作になりはしないか、と。

今後、憲法改正や道州制移行で同じ事態が生まれるかもしれない。その点、大阪での住民投票という「試み」は色々な意味で私たち国民に教訓を残したと思うのだ。

大阪都構想の本質は何か

もし、住民投票において「都構想」に賛成多数だったなら、移行期間を経て2017年4月、大阪市が廃止され、北、湾岸、東、南、中央の5つの特別区が誕生し、大阪都(府の名称変更には法改正が必要)となり、大阪は東京と並ぶもうひとつの「都」として新たな出発をするはずだった。府知事、市長のダブル選挙の結果、再び「都構想」や「大阪副首都構想」が実現する可能性が生まれたが、この遅れは残念至極である。

というのも、大阪の衰退が東京一極集中を加速させているだけに、日本の今後のかたちを考えても、大阪を都にし、2都体制で日本の分散型国土を形成して欲しかったからだ。

なぜ今、大阪都構想なのか、その本質を改めて整理しておこう。

「大阪都」をつくる目的は大阪の統治機構を大きく変え、強い大阪をつくろうという都市論が基本である。大阪府と大阪市のせめぎ合いによる二重行政をなくし、浮いた財源で医療、福祉、教育を充実し、いじめ、幼児虐待、犯罪などの防止に生かそうというもの。270万人をカバーする大《だい》大阪市を廃止し、それに代えて基礎自治の部分は公選の特別区を5つ創設し住民自治の充実を図る。その一方、インフラ整備や産業、港湾、地下鉄などの広域行政は府に一本化し、国際的な都市間競争に打ち勝つ戦略本部・大阪都庁をつくる。

これでこの40年余、衰退し続けてきた大阪、関西経済の低迷にストップをかけ、大阪を中心とする西日本の拠点性の復活をめざそうというのが狙いなのだ。

これまでの大阪は、業務中心地を府県行政も併せ持つ大阪市政が握っており、広域自治体とされる大阪府政といえども事実上、大阪市域には手を出せなかった。しかも大阪府域は地理上、香川県に次いで狭いものの南北に細長い。その真ん中に中心都市大阪市がある。「府民のため」と言って整備しても、設置場所は大阪市内になる。大阪市は当然「市民のため」と言って大阪市内に施設をつくる。結果、府と市がバラバラに設置する類似施設が大阪市内に林立することになる。補助金、手当など中小企業や市民向けのサービスにも重複が多かった。

こうした二重行政が突出しているのが大阪の現状で、広域政策の権限を府と市に与えている結果、府知事と大阪市長のめざす整備方針、大阪のあり方についても考えが異なり、「府市合わせ」（不幸せ）のいがみ合いが続いてきた。

これを基礎行政は特別区に委ねる一方、広域行政は大阪府（都）に戻し、大阪の司令塔は大阪府（都）庁に一本化するという、行政システムの再整備を図ろうというのが大阪都構想のねらいである。とくに、大阪にとって目新しい公選の首長、議会を有し50万都市クラスの権限を持つ5つの特別区が、住民生活の拠り所となる。

食い違う双方の意見

なぜ「都構想」をめぐって、「大阪の乱」と呼ばれる大騒動となったのか。

68年ぶりに大阪府の人口が減少に転じた。1970年の大阪万博以降、右肩下がりが続く大阪の経済、関西の地盤沈下をどうすれば食い止められるか、その方法論をめぐる争い、それが底流にある。「大阪都構想」反対派は、現在の270万政令市の大大阪市を残したまま再生を図るとの主張だ。

大阪は府議会でも市議会でも「会派あって議会なし」のボヤキが聞こえる、ガバナンス（内部統制）を失った政治状況にあった。もともと、維新が目指した、府内水道事業の一元化、交通の民営化提案も、府・市立大学の統合提案も自民、民主、公明、共産などが多数を占める市議会、府議会の勢力に阻まれ、関連条例が軒並み否決されることを繰り返してきた。

外部からみていると、政治闘争に明け暮れる政治家の戦いとは別に、肝心の270万市民は蚊帳《かや》の外に置かれ続けた感じ。都構想について推進派は「もう800回も説明した」（橋下徹市長）と言っても、世論調査をすると「説明不十分」が70％に達した。市民の悲鳴にも似た世論調査結果である。

推進派の言い分はこうだ。「今のままでは大阪の発展は望めず、市民負担も増大する。都市の発展には、成長戦略や公共インフラ計画という大都市戦略をつくり、実行部隊となる強力な役所組織が絶対に必要である」（橋下市長）

一方、反対派は「そもそも二重行政など存在しない。政令市である大阪市をなくして特別区にすれば、本来市が持っていた権限、財源は減る。特別区長は財布も権限も小さくなり、結果として、住民に良質なサービスを提供することはできなくなる」(柳本顕《やなぎもとあきら》自民市議)。

真っ向から全く違う意見を述べ合う両陣営の主張に、いずれが正しいことなのか、市民有権者は戸惑いを隠さなかった。住民投票では、よく分からないので、改革構想を前に進めるより、立ち止まって考えよう、という結果になった。

ダブル選挙中に橋下氏はこう主張した。

「この構想の狙いは大阪を副首都にし、大阪を活気のある国際都市にすること。中央省庁を東京と大阪の2つに分散させ、企業の本社機能も大阪に集める。これが可能となるよう東京と大阪をリニア中央新幹線で結ぶ」「こうした大阪成長戦略の方向は、維新も自民もそう違わないが、決定的な違いはビジョンを実行する方法だ」「広域権限を大阪都庁(府)に集中し、司令塔を一本化する。他方、身近な教育、福祉など揺りかごから墓場までの基礎行政は5つの特別区を設置し、そこに委ねる」

これに対し、反維新候補は都構想の実現に反対し、現在の府・市共存体制のまま、二重行政の解消は府と2政令市の長と議員の30人調整会議(大阪会議)で実現していくとした。

この主張を捉え橋下氏は「住民投票のあと半年ほど、自民らの主張を入れて大阪会議をつくってみたが、実際は何も決められない会議と分かった。こんな方法では100年経っても何もできない」「大阪ポンコツ会議など当てにならない」と斬って捨てた。

改革挑戦の意義

橋下徹氏の市政改革、都構想への思い入れについては、いろいろな見方があろう。後継市長を応援する中で、橋下氏はこう主張している。

「僕が代表を務めた第1ステージは破壊的改革。天下り、職員給料の高さ、職員の不祥事、職員組合とのなれ合い、無駄なハコモノ行政、税金の無駄遣いなどがとにかくひどかった。特定の人たちへの巨額な不公平な補助金も固定化して誰も手を付けられない状態だった」

税金の使い方、公金に対する強い改革意識を伴うのが橋下氏の姿勢であり維新改革のこだわりだ。

識者の次のような見方はどうか。

「行き過ぎもあったが、橋下徹氏のような劇薬でなければ、大阪は何もできずに沈没した――。そんな府民、市民の思いが、大阪維新の会のダブル選『2勝』につながったのではないか。

橋下氏の引退後も『橋下』と『反橋下』の枠組みは続く。対立をどう乗り越えるかが今後の課題だ。橋下氏が大阪都構想によって、大阪の統治機構改革を打ち出したことには歴史的意義があった。都構想は当初、全国的に注目されたが、今は大阪という一地方の話に戻った。都構想への再挑戦に必要なのは、全国の地方分権にどう一般化していくかという視点だ。全国の地方が変わっていくという話にならないと、みんなが関心を持たない」

（朝日新聞、２０１５年11月23日、御厨《みくりや》貴《たかし》東大名誉教授コメント）

この見方に筆者も賛成である。日ごろ橋下氏と接点のある筆者は次のようにみる。

橋下徹という政治家が率いた維新改革は、氏の言葉のとおり「破壊的改革」の第１ステージを終え、「修正・進化的改革」の第２ステージへと進むことになる。

大都市経営の矛盾を自ら制度改革に挑戦することで変えようとした点は高く評価される。日本の歴史からみても、制度改革は国の法改正を待ち、それに依存してきた歴史しかないからだ。

その点、自力改革で「大阪都構想」の実現に挑んだ点は、日本の歴史に新たなページを刻む出来事である。強い大阪市を廃止し、５つの基礎自治を担う特別区と広域政策は大阪都庁（府）に一本化し、グローバリゼーションが進むなか、西日本の拠点性を確立する改革に地域政党まで結成し挑んだ。この「下からの改革」、「地方からの改革」を政治力で実現しようとしてきた点は評価される。国政にも日本全体にも大きなインパクトを与えた。

大阪都構想のポイントは、①世界との都市間競争に勝てる自治体の実現、②西日本の核となる副首都の実現、③国を動かす政策能力の高い自治体（都庁）の実現、④簡素で効率的な「小回りの利く自治体」（特別区）の実現にある。これを進める意義は国全体のあり方と大きく関わる。大阪を強くすることが日本を強くする道だと考えるからだ。

ダブル選の圧勝により、大阪都構想は息を吹き返した。選挙は都構想のイエス、ノーを聞いたものではないから、葬り去らないで、もう一度バージョンアップの方途も含め議論を再開しよう、という話にとどまる。府、市の当局及び両議会で話がまとまっていくなら、法定協議会が設置され、新市長、知事のもとで住民投票がもう一度実施され、最終結論を得ることになろう。それは数年先になるのではないか。

実現までのステップ

いつの間にか日本は、地方分権をめざしたはずが「再集権化」の動きにある。政府の振るタクトばかり見ている。補助金獲得競争に明け暮れる大学もそうだ。こうした中央集権型地方創生をいかに続けても、積もるのは借金だけ。そうではない。住民のやる気、地方が果敢に挑戦できる「地域主権型地方創生」への転換なくして日本再生はない。

今後、数年を掛けて都構想の見直し、ブラッシュアップをした上で再度住民投票が行われようが、その論点は多岐にわたる。特別区の数（5から7の範囲での再調整か）、そして特別区の区割り、区の名称（北、南、中央、東、湾岸区の名称の全てを大阪北区、大阪南区と固有名詞化するなど）、区議会の規模、さらに都区の役割分担、財政調整の見直し、等々。その進め方の基本は270万住民と知事、市長の丁寧な対話の積み重ねとなろう。そこから自ずと、バージョンアップの姿が生まれて来るのではないか。

ただ、この制度を否定する反対の意見も未だ根強い。例えば「中核市なみの特別区」を設置しても、しょせん特別区は特別地方公共団体でしかなく、東京都をモデルにすること自体、この構想は時代に逆行する。特別区になったその日から自治権拡充の闘いが始まることを覚悟しなければならない、と警告を発する学者もいる。

この指摘は一面正しいが、しかし現実を見る必要がある。大都市制度はどのような形が望ましいか、そして一つの大阪府という区域に県が2つ、知事が2人いるような形になってしまっている大阪特有の事情。これを解消する制度はどのようなものでありうるか。単に東京都の轍《てつ》を踏むなという見方ではなく、現場の問題を解決できる方途を探る時代だ。その点、筆者は概ね8割方完成しているここまでの大阪都構想を基礎に改良を加える道が進むべき方向と考える。

日本の大都市制度は、大阪の政令市と府が二重行政などの問題を露わにしたように、各府県の政令市と府県も大きな問題を内包している。かといって、東京都にしか存在しない特別区を内包する都区制度が完璧な制度ともいえない。市町村の大都市特例を積み重ねてきた「未完の大都市制度」が政令市制度だとすれば、東京の都区制度は区側からはもっと強い自治権を望む声が絶えず、都側は「大都市一体性」を大義に権限、財源を手放さないようにしようとする。その点、地方分権時代に必ずしもふさわしい制度とは言い切れないが、しかし大都市特有の問題へ切り込むベストな制度は未だない。

主要国には大きく3類型の大都市制度がある。①特例都市タイプ（政令市に近い制度。マルセイユ、リヨン）、②特別市タイプ（州・府県と同格市。ミュンヘン、ケルン）、③都制タイプ（内部団体として特別区を包含。韓国広域市、ドイツ都市州）。その国の中でも選択的だ。

今後、日本も大阪での問題提起を受けて多様な大都市制度が議論されよう。選択可能な大都市制度を「大都市制度法」のような法整備によって実現可能とすることが望まれる。

東京一極集中を変える

この約半世紀にわたって長期低落傾向にある大阪、関西圏を立て直すには、東京都と並ぶ大阪都をつくり西日本の拠点性を回復させ、日本の東京一極集中を解消に向かわせることが必要である。迫りくる首都直下大地震、人口減少に伴う地方消滅可能性、20年間で世界とのGDP（国内総生産）比率を18％から8％まで落としてしまった日本である。

これを脱していくには、アベノミクスのような目先の政策だけではなく、大阪の副首都化はもとより、各圏域を元気にする道州制移行によって簡素で効率的な統治機構に再構築する必要がある。可処分所得をどんどん減らしてしまう増税をストップし、働ける者はいつでもどこでもいつまでも働ける社会を実現し、公共サービスの範囲を絞り込む、などの抜本的な構造改革が必要な段階にある。これを日本維新と言うなら、明治維新に次ぐ大改革が必要となろう。

この一連の流れについても、大阪のダブル選挙はしょせん一地方選挙、ローカル大阪での出来事に過ぎないという醒めた見方もあろう。しかし、それは違う。アメリカが西海岸から東海岸に向かって改革の波が起こっていくように、日本の歴史を見ても、変わるのは「西から東に向けて」である。明治維新以後の日本の変わり方を見ればわかる。

「都構想」再挑戦、波高し

大阪ダブル選の際、各新聞社は「都構想」の是非について出口調査をしている。例えば今回の選挙で「維新」支持層が大幅に増えたこともあり、朝日新聞の調査では「都構想賛成60％　反対38％」という結果だ（２０１５年11月23日朝刊）。この数字を見る限り、今後の都構想実現は容易な感じがするが、今回の選挙はそれだけを聞いた訳でもなければ、都構想へのイエス、ノーを問うた訳でもない。「議論を続けさせてほしい」との維新の主張を受け入れたに止まる。5月の住民投票でいったん廃案になった「都構想」を、計画のレベルから練り直す必要がある。「再挑戦」には住民の理解に加え、大阪維新が過半数を持たない府・市両議会の承認など、幾重ものハードルが待ち受けている。

当面の最大の壁は依然として大阪府議会、大阪市議会の動きにあろう。

議会構成をみると、大阪維新はいずれも第1党だが、過半数は確保していない。再び住民投票をするには議会の承認が欠かせず、維新側は公明党などの理解が不可欠となる。府議会は88議席のうち維新が43議席と過半数に2議席届かない。市議会は86議席のうち維新は37議席と過半数に7議席届かない。

かりに府議会で公明(15)の協力を得られるなら議席占有率66%となるが、そううまくいくのかどうか。市議会でも同様で、かりに公明(19)の協力が得られるなら議席占有率は66%となるが、そううまくいくのかどうか(いずれも議席は2016年1月末現在)。ダブル選を自主投票にして自民、民主、共産とは違う態度をとった公明党だが、報じられるところでは「公明府本部には『都構想は住民投票で反対という結論が出た。協力なんてありえない』(幹部)との意見も根強い」(朝日新聞、2015年11月23日)。今後どうなるのか。

また、都構想に関する制度設計は法定協議会である「府市特別区設置協議会」(委員20名)で議論を進め、承認を得なければならない。知事、市長と府、市議員各9名ずつの構成だが、議会の会派別の反映をめぐってもめることもあり、順調にいくのかどうか。

これも仮の話だが、議会も法定協も順調に協議が進み、賛成により「協定書」ができたとして、最大の山場はやはり住民投票にある。前回の「説明不十分」70%の壁をどうやって乗り越えるのか。以前より住民の学習度は相当進んだとはいえ、より住民サイドの様々な意見を入れ込まないとすんなり行くとは思えない。

しかも、住民投票が全てではない。前回のような49対51での否決ではなく、51対49の可決でも理屈の上では推進可能だろうが、約半数の住民が反対しているという中ではその後、条例改正などがうまく行く保証はない。やはり、賛成60以上、反対40以下という圧倒的な住民の賛成支持がなければ、こうした制度改革はうまくいかない。

その点、ダブル選挙を機に、ベテランとなった松井府知事、そして新人ながらこれまで都構想設計に深く関わってきた吉村洋文新市長のハンドリングが問われることになる。

政府機関の地方移転始まる

大阪都構想は制度改革の話にとどまらない。むしろそれは手段である。目的は大阪を副首都化し日本の二極体制を構築するところにある。これが車の両輪として、同時に実現してこそ大阪は変わるし、東京一極集中も変わる。

最近、「消費者庁」を地方に移転するというニュースが話題を呼んでいる。具体的なその規模や時期は未定とされるが、移転先は徳島県が有力だという。地方創生担当大臣と消費者行政担当大臣が協議して話を詰めた結果だそうだから、実現する確率は高そうだ。この流れは、昨年地方創生の一環として政府機関の地方移転を打ち出していた内閣の方針に沿うもの。国の呼びかけに対し42道府県から69機関の移転提案があり、うち34機関を検討対象にすると決めた。具体的な方向が見えてきたのは消費者庁が第1号である。文化庁を京都府に、中小企業庁を大阪府にという話もある。

しかし、何か唐突の感を否めない。地方創生と国の関係機関を移転することがどう結びつくのか。そんなに有効な方法なのか。国立健康・栄養研究所は大阪府へ全面移転、中央省庁の外局等7、関連機関6、そして多くは研究機関・研修機関など21機関の移転が想定されているが、地方創生へのインパクト、起爆剤にほんとうになるのか。

もとより、人口減少を食い止め、地方の活力を取り戻したいとの一心から掲げた地方移転方針、このことについて筆者は否定しない。東京なり、本省なり、その近隣にある必要のないものは、他の地方都市へ移せばよい。ただ、それも時間の経過とともに立ち消えにならないか。それぞれの機関には思惑もある。この全てがいつどこにどのような形で移転するのか。省庁官僚、関連団体、族議員を巻き込んだ紛争が始まるかもしれない。内閣の交代を機に話がしぼんでしまうかもしれない。それぐらいエンジンを持たない改革案だ。内閣の

副首都構想を検討せよ

筆者は、この程度の話で地方創生に寄与するのか疑問に思う。東京一極集中に対する地方の不満を和らげ、一部要求を聞くことで「不満のガス抜きをする」といった話ではないかと勘繰りたくなる。ほんとうに分散、分極型の国土形成、国のかたちを変えるという覚悟をもって取り組む話なら、地方からの陳情、要望に応えるというレベルの話ではなく、きちっと政府が移転ビジョン、移転リストを示して、どこが欲しいか地方の要望を聞くべきだ。今回のやり方は話が逆さまになっているだけに本気度が疑われる。

より本格的にこの先、省庁の地方移転、分散を図るなら、昨年暮れに大阪府、市が提唱し始めた「大阪副首都」構想を真剣に検討してみたらどうか。

地震国日本、いつ首都直下地震に襲われるか分からない。東京一極集中、東京都という国土の1％足らずの地域に国民の1割が集中、東京圏に広げると3・6％に3500万人、国民の4人に1人が住んでいる「過集中」のいびつさ。政治も行政も経済も情報も文

化も教育もいつの間にか、東京の動きがすべてになってしまっている状況。他国から見て、日本は東京しか相手にできないと錯覚してしまうほどの集中だ。2015年の1年間の人口移動で転入が転出を上回ったのは、東京が最多で8万1696人の増加。東京圏(1都3県)で11万9357人と、20年連続、東京圏への人口集中が続いている(2016年1月総務省住民基本台帳人口移動報告)。

この先、人口が減り続ける日本だが、それでもこの流れだと東京圏は5000万人まで人口が増えるという見方すらある。50年後、政府が言うように人口を1億人に止めたとすると2分の1、民間機関が予測するように8000万人になるとすると62・5%が東京圏民という話になる。世界のどこをみてもこんな国はない。ある意味、自由放任的で国土計画の事実上ない日本、国家のありようを設計できない政治力のなさが相まって、こうした状況が生まれていると言われても仕方あるまい。

副首都の概念づくり

そうした中、出てきたのが「大阪副首都」構想だ。そこに何を詰め込むか、どんな副首都の大阪をめざすのかは、これからの話とされるが、ともかく、いざという場合のため、代替できる首都、平時でも西日本の拠点準首都・大阪、東日本首都・東京という2都構想があってよい。道州制の始まりになるよう、地方分権も併せて進め、国の役割を限定しながら副首都大阪を構想したらどうか。

もとより、副首都の概念も、もっといえば首都の明確な法的定義も日本は持たない。わが国では首都を議論すること自体がタブー視され、法律上明示がない。わが国でいう首都は「政府の所在地」なのか「皇居の所在地」なのか、決着がついていないからだ。一般的には首都は「その国の中央政府のある都市」を指す。立法、司法、行政の3権力の高次機能を首都機能といってよい（首都機能移転法）。

それを移すのが、いわゆる遷都と呼ばれるものだが、遷都（政府権力の移転）にもいろいろなパターンがある。これまで繰り返されてきた遷都論を類型化すると、以下の7つのパターンに分かれる。

①遷都（全部）：立法、行政の高次機能を一括移転し、別に「政治都市」をつくる。
②分都：首都機能を分解しa国会と行政を分離、b主要省庁分散、c外局等の移転。
③拡都：首都機能を東京圏と連なっている広域の圏域まで拡大し、分割・立地させる。
④展都：東京圏の中で首都機能の分散を図ろうとする。筑波に国立研究機関集中など。
⑤改都：首都東京の抜本改造で臨海部や再開発地に霞が関から首都機能を全面移転。
⑥重都：複都。大地震から首都を守るため二重の首都を形成、代替補完機能を果たす。

⑦ 休都：夏など季節的に一時首都機能を休止させる。一時的に他都市が代替。

日本では、これまで国が首都機能移転法で検討してきたのは①が軸。那須塩原地区に全部遷都したらどうか、といった議論。しかし、実現可能性が乏しく頓挫してきた。

筆者に言わせると、大阪の副首都構想は分都（②）と重都（⑥）を合わせたものと理解してよいのではないかと思う。大阪に主要省庁のダブル機能を持たせ、各省の副大臣が常駐する副首都ビルに主要省庁が入る。「国会」の会期を2つに分ける。予算中心の第1通常国会（春期、100日）を東京で、経済中心の第2通常国会（秋期、100日）を大阪で開くようにする（国会法改正）。すると、自然に省庁半減、政党本部の二極化が進もう。官僚、政党職員の移動も定期化し流動化する。リニア新幹線時代を睨み、危機管理の視点を打ち出すなら、「立法機関」の2都化が不可欠ではないか。こうするなら、準首都、副都大阪が誕生してくる。

省庁の減反減量政策

この際、東京の持つ首都機能の半減政策を検討してみるのが、時代を先取りした議論になるのではないか。半減した分は基本的に大阪に移す。しかもその際、地方分権を大胆に進め、減量した形で半減する。よく簡素で効率的という言葉を使うが、むしろ簡素で賢い統治機構のあり方に変える。これを首都機能の「減反減量政策」と言い換えてもよい。いずれこの機会を日本を変えるチャンスと考えたらどうか。

具体的に大阪の副首都構想は、

① 西日本の首都（分都）として、中枢性、拠点性を高める
② 首都機能のバックアップ拠点（重都）として、本格的に代替機能を整備する
③ わが国の公益活動の中枢拠点となる「民都」の性格をもたせる
④ アジアの主要都市としての拠点性を強める

といった方向で検討を進めるべきではないか。

大阪副首都構想を単に大阪のエゴとか、わがままという捉え方をするのではなく、真摯な提言として、国政としても、また国民としても全国レベルで捉え直してみたらどうか。地域主権型副首都構想、地域主権型大都市構想、地域主権型地方創生、それが時代の流れだ。そのことで、この国は人の流れ、モノの流れ、カネの流れ、情報の流れが変わる。各広域圏を単位に州政府（自治体）とするなら、各州が世界の諸都市と交流、交易を主体的に始めよう。10年経ったら、日本は10州2都市州（都）の道州制に変わっている。それは夢ではない。国が動かないなら地方から動かす時代の始まりだ。

終章　地方からこの国を新しくする

地方議員は地域から国を変える覚悟を

政治家の仕事は、目の前にある利害対立の問題を解決することも大事だが、それ以上に将来のビジョン、設計図を示す羅針盤の役割を果たすことである。それは国政に携わる政治家の仕事だという人がいるかもしれないが、そんな中央依存でこの国がよくなるだろうか。むしろ、地域で頑張る3万3000余の地方議員が各地で蜂起することではないか。地方議員が各地で地方創生の旗を振る「元気印」であってこそ、この国は元気になる。

しかも地域のことだけを考える地方議員であってはならない。持ち場は地域（都道府県、市町村）でも、日本には国政、地方政治を含め4万人足らずの政治エリートしかいない。「地域からこの国を変える」その視点からすると、国、地方の公選職の総力戦で地方創生の道を切り拓いていく覚悟がいる。自分の地域のことだけでなく、この国のありようを考えることも地方議員の大切な役割ではないか。

日本を変える「覚悟」について作家の堺屋太一氏はこう述べる。

「長期下落に喘ぐ日本を根本から甦らせるためには、抜本的大改革、つまり『維新』する覚悟と、『維新』する知恵が必要」（『「維新」する覚悟』文春新書、2013年）

これを日本維新というなら、まさに元気印であるべき地方議員は維新の志士であるべきだ。少し景気が上向くと、「改革志向」が萎《な》える、国政のこの態度を見て地方も同じ動きをする。これでよいのか。むしろ国依存の態度を絶っての独自改革が必要ではないか。例えば大阪の橋下改革の8年。地方が見習うべきはこちらではないか。

その改革のポイントは以下の点にあった。

第1．徹底したムダの排除。加えて市民の共感を呼んだ徹底した「既得権」の排除。1円でも税金を無駄使いしない徹底ぶりは、大型施設やバラマキ補助金、労組依存で身動きのできなかった大阪市政、大阪府政を大きく変えた。教育向上、公務員改革、生活保護見直し。議会に条例否決などで阻まれながらも、上水道、下水道、地下鉄、バス、大学統合など「民営化」路線を突っ走った。「経営」という視点を明確にした。

第2．徹底した分権化思想とその実践。大阪市役所は大きすぎると、50万程度の基礎自治体に組み換え、選挙によって物事を決められる体制をつくろうとした。政治参加を大切にし、「小さなデモクラシー」の実現にこだわった。大きな政府より「小さな統治機構」

をめざした。

第3.司令塔一本化による大阪のガバナンスの確立。東京を強く意識し、一極集中排除だけでなく、東京に並ぶ大大阪をつくろうと「副首都構想」を掲げ、広域政策の一元化で大阪都庁をつくろうとした。戦後、これほど大阪のあり方が話題になった時代はない。橋下氏は情報発信力の強い「大阪の顔」としての力を持つ政治リーダーだった。

第4.選挙で物事を決める方式を重視。政治の形骸化を非常に危惧し、喧嘩民主主義ではないが、イエスかノーかをはっきりさせる選挙を重視した。情報公開も徹底し、身を切る改革を実践した。まさに「維新」の心が宿る議員、市民感覚の醸成に大きく寄与した。

地方創生は幻想か

話を少し変え、日本のあり方について少しマクロな視点からみておこう。国家の経営を考えると、いかにして経済を成長路線に乗せるか、いかにして膨大な借金経済から抜け出し財政再建を図るか、この二兎を同時に追うことになる。いま安倍政権が推し進めるアベノミクスは、経済を成長軌道に乗せれば税収も増え、財政再建の道筋が見えてくるという「経済優先」の考え方をとる。

しかし、この考え方は過去の日本経済の足跡からみて、成功するかどうか疑問だ。株価が上昇、上場企業を中心に業績が回復する状況にある一方、経済は低迷している。この先、増税とともに消費が減退するマイナス成長の予測も多い。短期の景気変動と中長期の経済成長を混同させるような言い方が国民を惑わせている。事実、1995年からこの20年間、日本のGDPは平均すると成長率はゼロである。

この7年の間に、日本は自民党政権から民主党政権へ、そしてまた自民党政権へ政権交代がめまぐるしく行われた。そこで景気の上下変動はあったが、目先の景気変動に一喜一憂している政治の動きはともかく、事実としてみれば、この国の経済成長に大きな変化はない。横ばいないし下落の傾向に変わりはない。アベノミクス効果はこれから出ると抗弁するが、消費税10%への値上げを2017年4月としているだけに厳しい。

日本はこの20年間、マクロ経済はゼロ成長だが、逆に国の借金の残高は300兆円から1000兆円を超える規模に急膨張した。地方の分までいれると1200兆円を超える。膨大な需要喚起で内需を支え続けた。しかも世界経済に占める日本の地位はズルズルと坂を下っている。20年前の世界経済に占める日本のシェアは18%、それが今は8%にすぎない。それに覆いかぶさる暗雲が急速な人口減少だ。2040年には消滅可能性のある自治体(20〜39歳の女性の人口が半減する)が全市町村の半数に上るとされる。日本再生の方法は何かが間違っている。問題の本質に切り込んでいない。

垂直的統合がネック

その大きな要因は、国内に競争関係が生まれない、地域圏が自力で活性化しようという動きが生まれない仕組みにあることだ。つまり国（中央）が司令塔になって多くを仕切っている中央集権体制。垂直型統治機構をそのままにし、政府主導で公需喚起による行政社会主義的な経済運営を続けてきた結果、地域の自立心は萎え、すべては国頼みの様相を呈している。

これでは地域に活力も生まれないし、経済も成長しない。この20年間をみても、国債漬け経済がいかに有効性に欠けるか証明済みだ。要は、安易な借金依存を断ち、簡素で効率的な統治機構へのパラダイム転換で大幅にムダを削減し、道州制移行によって地域主権型の水平的競争社会をつくること。その転換なくして日本の再生はない。

２０００年に始まった日本の地方分権改革。その地方分権の究極の姿は道州制への移行である。47都道府県制度を廃止し、約10の広域州を設置する。そこに国から内政に関わる多くの権限、財源を移し内政の拠点とする。こうして州同士が競い合い、世界と結びついてこそ日本全体にダイナミズムが生まれ、成長の可能性も高まる。

面積で米カリフォルニア州（約42万㎢）の１州にも及ばない狭い日本（約38万㎢）に、１３５年前の馬、船、徒歩の時代の47の区割りをそのまま維持しようとしてきた。ここに成長できない大きな足枷がある。経済圏の拡大に行政圏を合わせる改革が全く行われていない。公権力を持つ統治機構が、国、その出先機関、都道府県、その出先機関、そして市町村、その支所と5層にも6層にもなっている。縦割りでかつ硬直的な統治機構、これでは時代のダイナミズムに追いつけない。その統治機構を維持するだけでも、膨大な税金のムダ使いが存在する。

もとより、日本の統治機構のあり方として道州制問題は、幾度も議論されてきたが、なかなか改革の工程表に乗ってこない。「今がよければ式」の政治が蔓延している結果だ。道州制基本法を国会に出して堂々と議論を始めたらどうか。

新たな国のかたち

国民生活の約3分の1を占める公共部門に、ある種の市場メカニズムが働くよう地域間競争の原理を入れ、道州政府間の政策競争、各道州広域圏の圏域間競争といった、水平的な競争関係を生み出す統治システムへの転換こそ、新たな「国のかたち」である。

筆者は「日本型州構想」を提唱しているが（『新たな「日本のかたち」』（角川SSC新書、2013年）、それはいわゆる地域主権型道州制と言い換えてもよい。要はヨコ型の地域間競争メカニズムを作動させることで、従来のタテ型の集権的統治システムから地域圏を解放し、元気な日本をつくろうという考えだ。硬直した公共分野に市場メカニズムの発想を持ち込む考え方によって、日本の地方創生を図ろうというものである。

現在行われている地方創生は、直接給付型の「交付金」といった旧来型のバラマキ政治の方法である。２０１６年の低所得者対策として１２５０万人に3万円ずつ配るというが、これは一時的な景気対策としてのカンフル剤、参院選の選挙対策としてならともかく地域活性化、地方創生の効果には欠ける。むしろ、こうした手法は一時的とはいえ既得権化し、その廃止も難しくなる。借金だけが膨張し財政の硬直化が加速する要因になる。

内需拡大策は必要である。しかし上から目線でバラまくやり方は成功しない。水平的な競争関係が生まれる状況をつくり、地域での創意工夫を最大限活かす。グローバル化した海外諸都市と各州が交易を活発化してこそ、この国に活力が生まれる。大胆な規制改革と統治機構改革こそが肝《きも》だ。「改革なくして成長なし」、筆者の強調したい点はそこにある。

この国の中央集権、東京集中が限界に達し、それが経済の成長機会を奪い、少子化にもつながっている。東京は国際都市として発展をめざすとして、一方で他圏域の「地方創生」こそが、日本のとるべき道である。デフレ脱却、地方創生のためにも、官民ともに前向き思考で知恵を出すことである。そのための分権型ソフトインフラ（意思決定の仕組み）の整備、それがこれからの統治機構改革、新たな日本型州構想の実現である。

新たな道州制（12州の区割り：例）

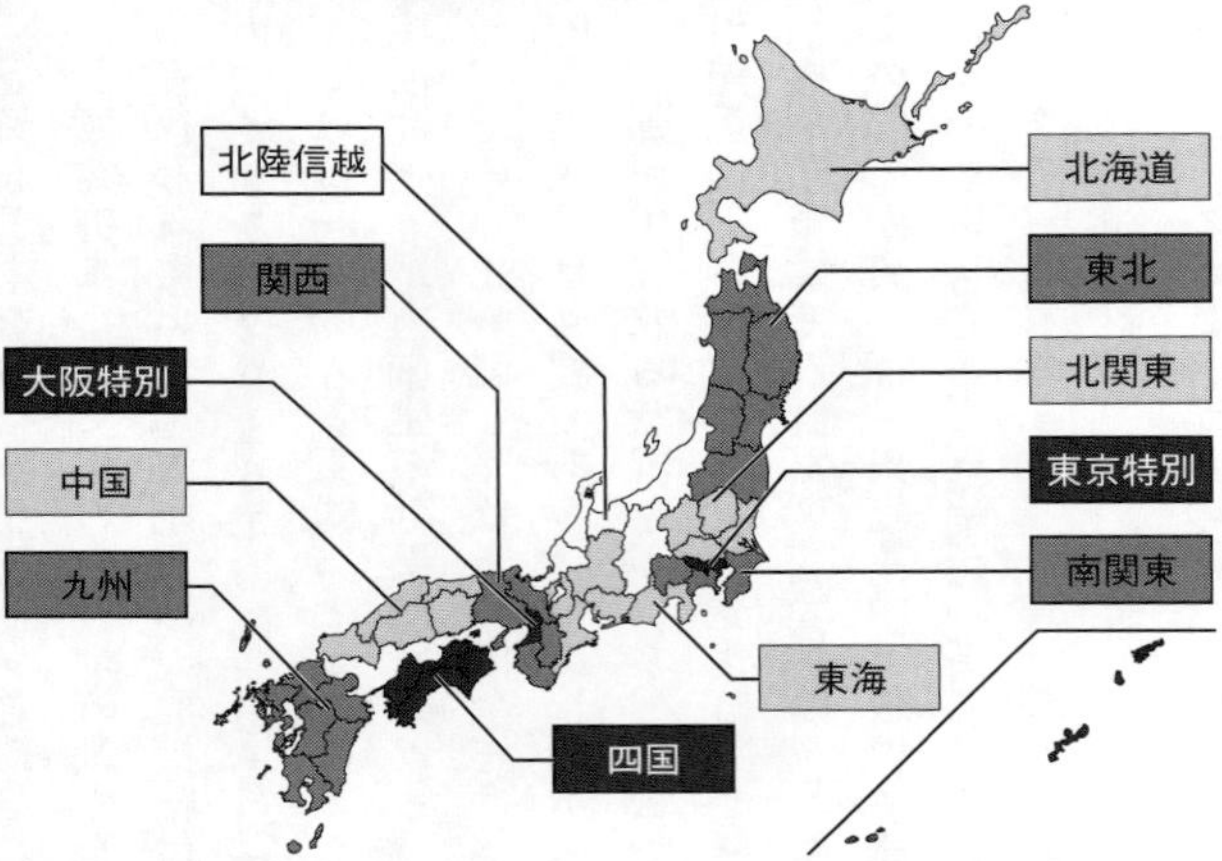

（資料）佐々木信夫『新たな「日本のかたち」』（角川SSC新書　2013年）p104

今こそ、人心を一新する、日本型州構想の実現に大きく踏み出す時である。地方議員も殻にこもるべきではない。地元の現場を踏まえながら、国のあり方を議論すべきである。急がば回れ、ここは「新たな国のかたち」論議から始め、10年以内に新たな国のかたちへ移行すべきである。そうしたマクロな議論を地方議員にも期待したい。

人口減少予測と地方議員

ここのところ、人口減少のきびしい予測が各機関から出される中、各地方はその予測に翻弄されている感がある。政府から「地域版創生計画」の提出を求められ、そのあり方についても国から打ち出される様々なビジョン、計画、補助金に強く影響されている。

こうした動きに対し、地方議会はどのような役割を果たすべきか、各議員はどのような行動様式が求められるか。それに翻弄されず、確たる地域ビジョンを創る、それが地方議員、地方議会の役割だ。地域の多くの職層を代表し地区を代表して集まってくる議員にとって、ある意味、腕の見せ所なはずである。

だが、現実には「地方創生のアイディア」は地方議会から出てこない。ユニークな首長、民間人、金融機関、あるいは地元大学からの提案はあるが、議会からの提案は皆無に等しいという、厳しい指摘もある。

そうあってはならない。地方議員は「地域の将来を演ずる俳優」というのが筆者の見方。執行を担うのは知事、市区町村長という公選の首長、及び補助機関の職員たちだ。風呂敷を大きく広げる役割を含め、地域の将来を展望するのは政治家・議員の役割である。

第一期アベノミクスとして掲げられた大胆な金融政策、機動的な財政政策、民間投資を喚起する成長戦略の3本の矢。その3本目の成長戦略として期待された一つが、「地方創生」だ。現在も続き、まち・ひと・しごと創生本部で地方創生の旗を振っている。

だが、政府の地方創生の方法論に目新しさはない。国（中央）が旗を振る地方創生策は、表現はともかく、今に始まった話ではない。28年前、竹下政権はふるさと創生を掲げ、「自ら考え・自ら行う事業」と称し当時の3200市町村に1億円ずつ配った。ある県では全市町村で温泉を掘ったし、多くが地域活性化プランをつくり、金塊を買い話題になった所もあった。

その10年後、小渕政権では地域限定でカネを使う「地域振興券」という事業を行った。ダブって見えるのが、安倍政権が約1600億円を投じた「プレミアム付き優待券」の発行。地元の商店街などで2割お買い得な優待券と称し全市町村で発行した。8年前の福田政権から始まった「ふるさと、ないし支援したい地域」に納税できる「ふるさと納税」制度。総務相当時の菅義偉氏のアイディアとされるが、安倍政権になって住民税の2割まで納税できるようかさ上げした。この先、法人住民税も動くとされるが、都市部から農村、過疎地域に年間数百億円の税が動くとして、それがどの程度、地方創生に寄与するというのか。

ともかく、こうして手を替え、品を替え、日本の地方創生は公共事業なども柱に戦後政治の根幹をなしてきた。今回の地方創生は、「地方において、〝しごと〟が〝ひと〟を呼び、〝ひと〟が〝しごと〟を呼び込む『好循環』を確立することで、地方への新たな人の流れを生み出すとともに、その『好循環』を支える『まち』に活力を取り戻すこと」（まち・ひと・しごと創生本部）を狙う。この考えに反対する人はいない。しかし、これまでもそうであるように、どうみても一時的な景気対策、内需振興策、時の選挙対策としか見えない。ここまでのところ、残念ながら地方創生には至っていない。

活力ある分散型国土の形成も、限界集落を含め地方衰退を食い止める効果も見えない。むしろ、世の動きは逆の方向へ向かっている。東京一極集中の流れは止まっていない。

どこか、基本的な方法論のところで間違ってはいないだろうか。

地方創生の柱建て

２０１４年より政府は地方創生基本法を制定し専管大臣をおき、次の柱建てのもと、年間１兆円を投じ総合戦略の実行にやっきである。都道府県、市町村にも「地方版総合戦略」を策定するよう求めてきた。２０１６年3月までにそれも出揃った。

確かに、地方移住・移転を勧め、若い世代の就労や結婚・子育てを支援する、地域のコンパクト化などで行政の効率性を高めるといった、地域政策を進めることに大方異論はなかろう。呼応する形で、各地で産官学金の連携プレーが始まっている。高知大学では「地域協働学部」を創設し、地域おこしの拠点となる動きを示し、鳥取県の智頭町《ちづちょう》では県と協力しデンマークにみられる「森のようちえん」を開設し、山村保育の新たな形として全国から注目されている。都市地域から過疎地域などに住民票を移し、生活の拠点を移した者を自治体が支援する「地域おこし協力隊」（２０１４年度は約１６００名移住）なども総務省の売りとして成果を挙げている。

しかし、話題性はともかく、様々な手を打っているように見えるこうした政策が、果たして人口減少を食い止め、地方衰退から地方創生へ転ずる転機となるのか。この種のやり方は、もはや使命を終えたのではないか。というのも、戦後70年、わが国の政治は公共事業を中心につねに地方創生を内政の柱にしてきた。それは自民党政治の得意技でもあった。田中角栄の「日本列島改造論」を下敷きに高速道路網、新幹線網、航空網を整備し、高度情報通信網も出来上がった。

しかし、狙いとした国土の均衡ある発展、職住近接を実現する「地方重視」の日本は生まれていない。むしろ、それらを狙いにハードインフラのみを優先的に整備し、肝心のソフトインフラ（集権的な意思決定の仕組み）をそのままにした結果、逆にストロー効果が働き、人、モノ、カネ、情報が東京に吸い寄せられている。ここで地域主権型地方創生、道州制移行に大胆に舵を切らずして、その流れを断ち切ることはできない。選挙優先、景気優先のバラマキ政治を止め、地域、国民が元気を取り戻し、真に豊かになる「新たな国のかたち」に向けた大改革から始めるべきではないか。若者が夢を持てる日本づくりこそ、真の地方創生ではないのか。

国は少子化対策、地方は地域の活性化に専念してはどうか

現在の政府の地方創生策は、「地方創生」という1つの政策手段で地域を活性化し人口減少に歯止めをかけるという一石二鳥を狙う話だが、そう簡単にはいくまい。

一つは、地域活性化を狙う「地方創生」で人口減少に歯止めをかけるという話が成り立つかどうか。確かに東京の出生率は全国で最低だから、東京以外の地域を活性化して東京への人口集中を抑制すれば、出生率の低下に歯止めがかかると理論上は言える。

しかし、日本経済研究センターの報告書によると、東京の出生率が低いのは東京で結婚相手を見つけ結婚したカップルは地価や家賃の高い東京には住まず、千葉、埼玉、神奈川といった周辺県に住むから、だという（『老いる都市、「選べる老後」で備えを―地方創生と少子化、議論分けよ』［日本経済研究センター2015年7月］）。東京はカップルを誕生させる機能、住むところは周辺県に依存するという役割分担が成り立っているという見方。この見方からすると、東京はむしろ人口減少に歯止めをかけているという捉え方すら成り立つ。

もう一つは、地方で少子化対策を行うことが効率的な政策かどうかという点だ。一つの地域圏において、ある地域が優遇策を講じて子育て世代を自分の地域に集めると、確かにその地域の出生率は高まるかもしれない。しかし、周辺の地域の出生率はその分、低下する。つまり、特定の地域圏の中で若い世代を奪い合う形になり、地域圏としてみれば「ゼ

ロサムゲーム」になる。子供の数は全体として増えないのである。

もし仮に子供の数が増えたとしても雇用の機会が増えなければ、若者は就学や就職を機に他の地域圏や大都市へ出てしまう。地域が取り組むべき課題は、どう雇用機会を増やし人口流出に歯止めをかけられるか。ここが勝負どころだ。

地方創生といっても、地域を活性化する話と、人口減少に歯止めをかける話とが混在している。そうではなく、二つが政策目標なら、二つの政策手段が必要だ。①国は責任を持って少子化対策を講ずる、②各地域は自らの創意を生かして地域の活性化を図る、そうしたはっきりとした国と地方の役割分担が必要ではないか。

国と地方の役割分担が見えてきているのに、現在進める中央集権型地方創生ではその活力を殺《そ》ぐことにならないか。上から目線で地域を引っ張り上げる視点ではダメ、地域主権型地方創生に切り替えないと、各地域に雇用機会を生むインセンティブは働かない。それにはやはり地域が主体となって活性化するよう、更なる地方分権を進め、道州制移行など、統治機構改革へ大胆に舵を切らなければならない。

地方創生への見方

しかし、どうだろう。いまの国主導のやり方は結局のところ、全自治体に地域版創生計画の策定を求め、よい計画には交付金を出す、アイディアがなく困っている自治体には国の官僚を派遣し支援しようということだ。この先には、成功した地域を表彰する制度まで出てきそうだ。国からよいアイデアを認めてもらえなかったと落胆しているところも出始めた。しかし、国が認めれば成功し、認めなければ失敗するというものでもない。地域で必要と考えたら、何を言おうが実践してみることだ。ともかくこうした上から目線、国主導の地方創生策によって、この国の人口が増え、地域が活力を取り戻す動きになるのだろうか。

本来、地方創生のやり方は話が逆でなければならない。地域のレベルから自力で盛り上がろうとするエネルギーが湧き出る仕掛けでない限り、地方創生はできない。そもそもアイディアが「霞が関」にあるといった錯覚を持つこと自体、時代錯誤も甚だしい。多様化、多元化した日本、問題解決のヒントは各地の現場にある。

机上の空論を繰り返しても、ムダなカネの使い方しか行われない。そうではない。権限も財源も地方に移す地域主権型地方創生しか、この国を変えるチャンスとはならない。地方議会の議員に訴える。長いものには巻かれろ式の地方政治では何も変わらない、と。

そうではなく、地域の元気印になるよう政治リーダーたちは覚醒して欲しい。国の政治家より現場をよく知っているはず。彼ら彼女らが元気印になることをあきらめたら、この国に将来はない。

「大都市＝豊か」時代の終焉

これまで〝大都市は豊かである〟とされてきた。「豊かだ」という幻想から、政治は地方の過疎、格差問題に目を向け、大都市で深く進行している構造変化に無関心であった。都市部の地方議員はやることがなかった。しかし、ここにきて大都市が「老いる」、つまり超高齢化への対応と社会インフラの大更新に膨大なコストが掛かることに気付き始めた。それだけではない。大都市圏の外縁部から過疎が進行し、想定外の事態が起こり始めているのである。

たとえば、経済優先の高度成長期にひたすら地方からの人口集中の受け皿として郊外にニュータウン開発を進め、大規模団地が形成された。今、それが壮大なムダを生み、大きなツケとなって外縁部を襲っている。遠・高・狭と言われながらも、都心から30～50㎞圏で大量に供給された住宅や団地に住まいを求め、ひと時の幸せを味わった。特に高度成長を支えた団塊の世代を中心とする企業戦士らがそれである。

しかし、定年を迎え、地域デビューを！ と言われながら、彼らは実際は「キョウイク」、「キョウヨウ」を求め彷徨《さまよ》っている。もちろん、教育、教養の意味ではない。きょう行くところがない、きょうの用事がないということ。その生き方についても問題となるが、彼らが職を追われ所得を失い、年金生活に甘んじるようになると、彼らが住む市町村に住民税は入らなくなる。次世代との同居もかなわず、福祉・医療の需要は急上昇する。利便性の高い都心アパートなどへの転居が目立ち、点々と空き家が増え始める。その結果、郊外地域の地価は下がり、そこの市町村には固定資産税も入らない。

ベッドタウンが危ない

他方で、その地域の行政需要はうなぎ上り。この先、75歳以上人口の増大とともに医療、介護など民生費が急膨張し、市町村財政は歳入減と歳出増のジレンマに苦しむことになる。都心から30㎞圏のいわゆるベッドタウンの多い東京多摩地域の市町村財政の変化を見ると、扶助費など固定経費が増大することで、財政の弾力性を表す経常収支比率は90％台を超える状況になってきている（健全財政は80％以下とされる）。

加えて、道路、橋、上下水など都市インフラや公共施設の老朽化に伴う更新需要の増大が見込まれ、行き場のない財政危機に陥ることが予想される。まさに大都市圏外縁部の市町村は、かつての人口増で住宅、学校、公共施設の建設に追われた時代が去り、逆に人口減、地価下落、地域経済力の低下という「負の連鎖」の罠のなかで苦しむことになる。都心で働き緑豊かな郊外に住む、土日は子供たちと公園で遊び戯れる——こうした構図で描かれた豊かな大都市生活のイメージは大きく崩れ、日本は新たな危機を迎えている。

しからばどうするか。職と住の分離、例えば東京多摩ニュータウンのコンパクトシェア化を検討したらどうか。育と遊も分離する。「住」に特化したベッドタウンをいかに「まち」にしていくか。その処方箋をみんなで考えなければならない。ひとつは定年退職者を年金生活者、高齢者として地域づくりから排除する姿勢を改めることだ。幸い、空き耕作地を含め郊外には農作物を作る空間が多くある。退職者の職業経験も多種多様。例えば食の6次産業化を図る知恵は、地域回帰者の中に宿るとみてよい。市町村は、人材をリストアップし、彼らの提案するアイディアを集め、まちづくりコーディネーターに徹する。地域ビジネスが育つよう、いろんな研修機会をつくる。どんな地域でも伸びている地域には人（財）がいるもの。そのコアとなる人財（リーダー）をみつけ、相互につなぐ役割を果たすこと、それが自治体の仕事ではないか。

極端な言い方かも知れないが、75歳までは年金に依存せず、自分の生活費は自分で工面できるニュービジネスを次々に興す。「地域起業」のうねりを起こす、それが行政の、そして地方議員の仕事ではないか。巷間言われる、上から目線の成長戦略は成功しない。

そうではなく、地域に根差した生活目線の成長戦略こそ大事。その担い手をどんどん輩出するような地域づくりを考えるべきだ。過疎は悲劇ではない。大都市圏の過疎を逆手にとって、空いた空間、施設を使ってこれまで磨いてきた腕をもう一度発揮したらどうか。地域に根差した女性ら生活者と地域回帰の企業戦士らが結びついた時、大都市圏の外縁部から新たなビジネス、新たな成長が始まるのではないか。筆者はそこに期待している。

地方創生、新たな視点

地方議会でもそうだが、地方創生をめぐり、この国にひとつ大きく欠けている点がある。この国の統治システムを所与のものと扱い、「統治機構の構造改革に踏み込むこと」をしない点だ。構造改革というと郵政民営化を実現した小泉改革を思い浮かべる人が多いかもしれない。しかし、あれは日本の統治システムの一部の改革に過ぎない。

国が仕切る内政の隅々まで張り巡らされた中央集権体制と岩盤規制という中央統制をそのままにして、増税の議論や補助金、給付金の議論をしても、この国に元気は出ない。もし本当に地方を元気にし、この国に活力をもたらそうとするなら、統治機構改革と岩盤改革、大幅な歳出削減といった大改革に本腰を入れて取り組まなければならない。それを実行しない限り、本当の地方創生は生まれない。

地方創生と統治機構改革は別物であるという見方がある。しかし、それは違う。双方は連動しているのである。様々な足枷を残したまま、前へ進めと言っても無理な話だ。抵抗勢力の多い大改革である。しかし、切り札はそれしかないと思う。自由闊達に各地が動く仕組みに変える、そこを核に創生論を組み立てない限り日本の再生はない。いま政治がエネルギーを注ぐべきは、バラマキではなく、自らの身を切る改革と統治の仕組みそのものを変えることだ。

地方が変われば国は変わる

大阪府市合体による「新たな大阪都」を創造する改革ひとつみても、統治機構改革には多くの抵抗勢力があり、それを突き破って進むには政治的にも物凄いエネルギーがいる。しかしそれを恐れ、21世紀型の新たな日本のかたちを創らずしてどうして日本の再生があろうか。長いものには巻かれろ式でズルズル20世紀の政治スタイルを維持し続けることは、日本破綻のシナリオ以外の何物でもない。

では「地域主権型道州制」をどうつくるか。

日本が10年後に生まれ変わるため、道州制基本法を早く国会で通し、「新たな国のかたち」論議から始めることが国民生活の夢のある方途を探る道だ。そうした方向性を共有しながら、各地方議会で地方創生のあり方を中長期のビジョンとして議論する。そうした中から、政策官庁自治体、政策官庁議会が姿を現してくるのではなかろうか。

いずれ日本は、公共活動では地方のウエイトが高い国だ。企業でも圧倒的に中小企業が多い。大きいことはいいことだというキャッチコピーが出回った時代は終わっている。小回りの利く、賢いことはいいことだ、がこれからの生きる道だ。中小企業も大企業の下請けで生きている企業より、独自の製品開発と販路を確保している企業が伸びている。国や国の出先機関に頼るより、基礎自治体、市町村の独自なまちづくり、政策開発、改革志向がこの国を変えていく。人口減少社会の中でキラリと光るまちをつくりながら輝いていく、そうした自治体が全国各地に生まれてくることを期待したい。

地方の創生は官民、地域の総力戦だが、その中でも公選職の地方議員の覚醒、覚悟に期待したい。地方議員、地方議会が変われば地方自治は変わる。地方自治が変わればこの国は変わる。こうした地に足のついた視点をもってこの国を変えていくべきである。

「地方先端時代」に地方議員がやるべきこと

この国において3万3000余の地方議員の役割は極めて大きい。沖縄の基地問題でも大阪の大都市問題でも、その地域の意思決定が国政を揺り動かし、国のかたちを変えるように作用する時代だ。かつての国政の下請けが地方の役割だといった時代は終わっている。地方の決定が国政をも揺り動かす。これは地方選挙の結果が国政を揺り動かし、国政選挙まで強く影響することを見ればよく分かる。国と地方は上下主従でもなく、国が先端、地方が末端でもない。

国と地方は双方が共鳴し合う関係になっており、住民を起点とする地域で起きていることが先端であり、国はそれを追う形になっている。まさに「地方先端時代」といってよい。人口減少も個別具体的な地域の積み重ねで見ないと、その処方箋を誤る。

そこで地方議員に期待されるのは、自分の地域だけの発想ではなく、広域圏域、さらには国への政策波及も視野に入れながら、行動することだ。地方議員の国政参加、地方自治体の国政参加の道がまだ制度的にも不十分な日本ではあるが、実際の政策波及を通じて「地方から国を変える」ことができる。それをマスメディアの発達が後押ししている。地方同士も共鳴し合う時代。ある地域で起きていること、政策的に発信されていることが瞬時にニュースとして各地を駆け巡り、一定の方向性をつくりあげる。

こうした時代を生き抜く地方議員は、政策力を磨きながら、専門家ともタッグを組み、どんどん政策発信をすべきだ。身近な自治体で独自に政策がつくられ、予算が編成される。そうした地方分権のしくみは住民の参加や監視が可能という点で民主主義の発展につながる。高度情報化により全国各地、国政をも揺り動かす力も持っている。

地方独自の政策力、発信力が高まれば、自ずと国が変わっていく構図となる。地方議員は国民、住民の抱える問題の先端地域で仕事をしている、その強みを遺憾なく発揮することが、これから期待される地方議員の姿である。

地域の元気印たること、政策について持論を有し、実現していく実行力が求められる。本書で問うてきた地方民主主義の崩壊を食い止め再生できるか否か。これは地方議員が変われるか、議員自らが「値《ね》を上げる」ことができるかに大きくかかっている。

地方各地から、政治リーダーたる地方議員からこの国を変えるパワーが生まれることを期待したい。

参考文献（一部引用文献を含む）

『ホーンブック　地方自治』　礒崎初仁・金井利之・伊藤正次、北樹出版、２００７年。

『現代日本の地方自治』　大森彌、放送大学教育振興会、１９９５年。

『世界の地方自治制度』　竹下譲、イマジン出版、２００２年。

『地方議会人の挑戦』　中邨章、ぎょうせい、２０１６年。

『体制維新―大阪都』　橋下徹・堺屋太一、文春新書、２０１１年。

『地方創生の正体』　山下祐介・金井利之、ちくま新書、２０１５年。

『人口減少時代の地方創生論』　佐々木信夫、ＰＨＰ研究所、２０１５年。

『新たな「日本のかたち」』　佐々木信夫、角川ＳＳＣ新書、２０１３年。

『日本行政学』　佐々木信夫、学陽書房、２０１３年。

『道州制』　佐々木信夫、ちくま新書、２０１０年。

『地方議員』　佐々木信夫、ＰＨＰ新書、２００９年。

『現代地方自治』　佐々木信夫、学陽書房、２００９年。

『自治体をどう変えるか』　佐々木信夫、ちくま新書、２００６年。

『第31次地方制度調査会参考資料』　地方制度調査会（総務省）２０１４～２０１６年。

『市議会の活動に関する実態調査』　調査資料、全国市議会議長会、２０１４年。

中央大学オンライン（読売オンライン）　佐々木信夫各稿、http://www.yomiuri.co.jp/adv/chuo/

講談社現代新書　2361

地方《ちほう》議員《ぎいん》の逆襲《ぎゃくしゅう》

二〇一六年三月二〇日第一刷発行　二〇一八年九月二五日第三刷発行

著　者　佐々木《ささき》信夫《のぶお》　

発行者　渡瀬昌彦
発行所　株式会社講談社
東京都文京区音羽二丁目一二―二一　郵便番号一一二―八〇〇一
電　話　〇三―五三九五―三五二一　編集（現代新書）
〇三―五三九五―四四一五　販売
〇三―五三九五―三六一五　業務
装幀者　中島英樹
印刷所　凸版印刷株式会社
製本所　株式会社国宝社
定価はカバーに表示してあります　Printed in Japan

N.D.C. 318　246p　18cm
ISBN978-4-06-288361-0

「講談社現代新書」の刊行にあたって

教養は万人が身をもって養い創造すべきものであって、一部の専門家の占有物として、ただ一方的に人々の手もとに配布され伝達されうるものではありません。

しかし、不幸にしてわが国の現状では、教養の重要な養いとなるべき書物は、ほとんど講壇からの天下りや単なる解説に終始し、知識技術を真剣に希求する青少年・学生・一般民衆の根本的な疑問や興味は、けっして十分に答えられ、解きほぐされ、手引きされることがありません。万人の内奥から発した真正の教養への芽ばえが、こうして放置され、むなしく滅びさる運命にゆだねられているのです。

このことは、中・高校だけで教育をおわる人々の成長をはばんでいるだけでなく、大学に進んだり、インテリと目されたりする人々の精神力の健康さえもむしばみ、わが国の文化の実質をまことに脆弱なものにしています。単なる博識以上の根強い思索力・判断力、および確かな技術にささえられた教養を必要とする日本の将来にとって、これは真剣に憂慮されなければならない事態であるといわなければなりません。

わたしたちの「講談社現代新書」は、この事態の克服を意図して計画されたものです。これによってわたしたちは、講壇からの天下りでもなく、単なる解説書でもない、もっぱら万人の魂に生ずる初発的かつ根本的な問題をとらえ、掘り起こし、手引きし、しかも最新の知識への展望を万人に確立させる書物を、新しく世の中に送り出したいと念願しています。

わたしたちは、創業以来民衆を対象とする啓蒙の仕事に専心してきた講談社にとって、これこそもっともふさわしい課題であり、伝統ある出版社としての義務でもあると考えているのです。

一九六四年四月　野間省一

政治・社会

日本史Ⅰ

Ⓖ

心理・精神医学

哲学・思想II

知的生活のヒント

経済・ビジネス

350 経済学はむずかしくない〈第2版〉——都留重人
1596 失敗を生かす仕事術 畑村洋太郎
1624 企業を高めるブランド戦略——田中洋
1641 ゼロからわかる経済の基本——野口旭
1656 コーチングの技術——菅原裕子
1926 不機嫌な職場——高橋克徳 河合太介 永田稔 渡部幹
1992 経済成長という病——平川克美
1997 日本の雇用——大久保幸夫
2010 日本銀行は信用できるか 岩田規久男
2016 職場は感情で変わる 高橋克徳
2036 決算書はここだけ読め！——前川修満
2064 決算書はここだけ読め！キャッシュ・フロー計算書編 前川修満
2125 ビジネスマンのための「行動観察」入門 松波晴人
2148 経済成長神話の終わり アンドリュー・J・サター 中村起子 訳
2171 経済学の犯罪——佐伯啓思
2178 経済学の思考法——小島寛之
2218 会社を変える分析の力 河本薫
2229 ビジネスをつくる仕事 小林敬幸
2235 20代のための「キャリア」と「仕事」入門——塩野誠
2236 部長の資格——米田巖
2240 会社を変える会議の力 杉野幹人
2242 孤独な日銀——白川浩道
2261 変わった世界 変わらない日本——野口悠紀雄
2267 「失敗」の経済政策史 川北隆雄
2300 世界に冠たる中小企業 黒崎誠
2303 「タレント」の時代——酒井崇男
2307 ＡＩの衝撃——小林雅一
2324 〈税金逃れ〉の衝撃 深見浩一郎
2334 介護ビジネスの罠——長岡美代
2350 仕事の技法——田坂広志
2362 トヨタの強さの秘密 酒井崇男
2371 捨てられる銀行——橋本卓典
2412 楽しく学べる「知財」入門——稲穂健市
2416 日本経済入門——野口悠紀雄
2422 捨てられる銀行2 非産運用——橋本卓典
2423 勇敢な日本経済論——髙橋洋一 ぐっちーさん
2425 真説・企業論——中野剛志
2426 東芝解体 電機メーカーが消える日 大西康之

趣味・芸術・スポーツ

P